一流の品格、三流どまりの品格

山崎武也 著

ゴマブックス株式会社

はじめに

落ち着きのない世の中になっている。自分の利を求めて我勝ちに走り回っている人たちが非常に多くなった感を、払拭することができない。金を求める傾向が、企業社会に始まり、市井《しせい》にある、本来ならば「善男善女」であるべき人たちにも、拡がってきている。

法を犯して、他人の生命や財産を奪ったり、それらの存在を脅かしたりする人たちも、増加傾向にある。頭を悪用して、法の目を巧妙に潜って、自分だけの利益を図る、ずる賢い人たちも後を絶たない。現在の、欠点を暴露して歪《いびつ》になっている資本主義の下では、道徳や倫理の基準からは許されないことも、堂々と横行している。

もちろん、「私利」を求め確保することは、「健康で文化的な最低限度の生活を営む」ためには必要不可欠である。だが、「文化的な最大限の生活」を目指すところから、混乱が起こってくる。ほかの人の利益や安全、それに平和の領域にまでも手を伸ばして侵害する結果になるからである。

しかしながら、ほかの人たちの犠牲において、自分がさまざまな面で豊かになったとしても、それでは、どこかで心が安らかになれない部分があるのではないか。ほかの人たちも皆、人生航路における、同じ乗客であって、心置きなく仲よく一緒に毎日を過ごしていくべき相手であるはずだ。

自分が手に入れたいと思っている対象が、ものや金であれ権力であれ、「量」を目指しているので、欲が際限なく拡がっていく。人が持っているものまで、自分のものにしようとして画策する結果になる。そこで、量ではなく「質」に焦点を当ててみる。

質の向上を図ろうとすれば、現在自分が持っているものをよくしていけばよい。それには、自分の考え方を見直すのが出発点だ。そこで、自分自身を「磨き上げる」必要性を痛切に感じるはずである。

一流の品格と二流や三流の品格との違いは、自分という人間を、どの世界でも通用する人格の持ち主として、美しく光らせる努力をしているかどうかにかある。どこかで後ろ指を指されていたのでは、一流の域まで上がっていくことはできない。

一流の品格を身につけるための心構えは、まず「人に迷惑を掛けない」ようにすることだ。自分が口にする言葉や表に出した行動によって、人が不利益を被ったり嫌な思いをしたりするようなことはしないようにする。さらに、余裕があれば、「人に尽くす」べく努力してみることだ。

人に尽くすというのは、「利他主義」の典型的な行動様式の一つである。自分を犠牲にしても他人の利益や幸せを考えて行動することだ。一見したところは、損をするようであるが、自分の心の中に生まれる充実感や安心感によって、十分に報われる。精神的には大いに得をする結果になる。

この点については、多くの人が実行して満足感を味わっている。それは、最愛の家族に対する場合で、一所懸命に尽くすことによって、自分の心の安らぎを得ている。そこでは、利他主義が何らの無理もなく自然に信奉され実現されている。

このような家族に対する思いを、ほかの人たちに対して、どこまで拡げていけるかによって、その人の品格のグレードも決まってくる。その点は、世に聖人とか賢人とかいわれた人たちが見せてくれた、滅私の精神について考えてみれば、明らかであろう。

富や権力で勝負しようとしたのでは、品格は落ちていくばかりである。そのようにすれば、いったんは時流に乗ったかに見えて、もてはやされることになっても、いずれは時流からも振り落とされる運命だ。

心の余裕から生じる「ぬくもり」のある気持ちと、人に対して差し伸べる手の届く範囲の広さで勝負するべきであろう。


本書の出版は、ゴマブックス株式会社の斎藤広達氏のご厚意と同社の川上聡氏のご協力によって可能になった。深甚なる感謝の意を表明する。

二〇〇七年二月

山﨑武也

一流の品格、三流どまりの品格　目次

第2章 一流の話し方、三流どまりの話し方

第3章

一流の金の使い方、三流どまりの金の使い方

第4章

一流の身だしなみ、三流どまりの身だしなみ

第5章

一流の仕事術、三流どまりの仕事術

第6章
一流の気くばり、三流どまりの気くばり

第１章

一流の品格、三流どまりの品格

気持ち

三流

いつまでも引きずって、過去にこだわりすぎる

目的地へ向かって急いで行く必要があるときは、タクシーを拾おうとする。ところが、そのようなときに限って、なかなかタクシーがこなかったり、きたと思っても空車ではなかったりする。やっと拾えて安心するのも束の間で、こんどは道が混んでいる。

運転手が、ちょっと遠回りになるかもしれないがといって、別の道を通ることを提案する。早く行きたい一心で同意したのであるが、その道も同じように渋滞であった。結局は、目的地へは遅れて着く結果になった。料金も余分にかかったので、踏んだり蹴ったりされたような気分である。

そこで考える。同じ渋滞であったら、最短距離の道を通ったほうが早く着いたのではないか。また、駅まで走って行って、地下鉄や電車などの公共の交通機関を利用したら、間

に合ったかもしれない。そのほうが安上がりであるうえに確実であった、などと考えるのである。

そこから先を、どのように考えていくかによって、その人の将来が明るくなったり暗くなったりする。

「後悔先に立たず」で、後から悔やんでみても、取り返しはつかない。過去の事実はまさに厳然たる事実であって、変えることは不可能なのである。それをくよくよと考えて残念がるのは、時間とエネルギーの無駄というほかない。自分の力では動かしようのないものを動かそうとしているのであるから、そこにこだわっていたのでは、自分自身も身動きができない。

それでは、自分の人生に封印をしたにも等しく、発展性はまったくなくなってしまう。人間として三流以下に留まった状態に安んじる結果になる。自分自身は悔やむということによって一所懸命に考えているのであるが、ほかの人の目からは、硬直状態に陥っているとしか見えない。

自分の過去に見切りをつけて、そこから早く抜け出すことを考えなくてはならない。残念に思う気持ちを、洗い流すのである。だが、そこで単に、過去を忘れようとするだけでは、ただ前に進んでいくことができるにすぎない。

「暗い過去」を忘れて「明るい未来」に目を向けた考え方として、ある程度の評価はできる。だが、楽天的であるということは、必ずしも進歩的な結果とはならない。明るい未来を期待しただけで、自分で切り開いていこうとする気迫を欠いているからである。

行き当たりばったりの生き方とも酷評される可能性がある。人間の器としては、依然として低い位置に留まっている。二流の域を出ることはできない。

人間として向上しようと思ったら、自分の過去の行為を速やかに分析して、そこから教訓を得ようとする姿勢が肝要である。不満足な過去に対して、感情的に対処しないで、すぐに気分を切り換える。その事実に真っ正面から立ち向かっていって「反省」をするのである。

情緒的ではなく論理的な姿勢に徹する。過去に起こり自分にとってはマイナスであったことについては、常に分析や考察などの論理を優先させる。そうすれば、後悔などという感情の出る幕はなくなる。思い悩むよりは考え抜く結果になってくる。同じ間違いや失敗は二度と繰り返さないという心構えに自然となる。

人生は試行錯誤である。だが、できるだけ錯誤の部分を少なくしようとする努力は、片時も忘れてはならない。それには常に学習をするという姿勢が不可欠である。人からも習い自らも学ぶのだ。

人から習うときは、たとえ実地においてであれ、自分自身は痛くも痒《かゆ》くもないので、それだけ身が入らない。ところが、自分に実際に起こった結果については、特にそれがマイナスになることであったら、その痛痒《つうよう》の度合いは激しい。文字どおり切実な問題である。

したがって、真剣に受け止めて、そこから学ぼうとすれば、その効果も絶大だ。そのように考えれば、悔しいと思ったり、コンプレックスと感じていたりすることは、このうえない学習の種となる。自分にとってマイナスになることのすべても、人生にとってプラスになってくる。

マイナスの感情を冷静な論理で処理することによって、プラスの決意へと転換していくのである。このような努力を積み重ねることによって、人格にも磨きがかかり、一流の域へと上がっていく。

一流

悔しさなどマイナスの気持ちをプラスの姿勢へ切り換える

気分

三流　日によって気分の波が激しい

人間は気分によって左右される動物である。同じ人に対するときであれ、同じ状況に対処するときであれ、そのときの気分によって、行動様式がまったく異なったものになる場合は珍しくない。だからといって、気分にムラがあっても仕方がないであろうといって、自分の気分に従った言動をしていたのでは、一匹の動物の域から脱出していくことはできない。

会社の中であれ遊び友達の間であれ、「彼は今日は機嫌が悪いらしい」などと皆に陰でささやかれることがある人は、「気分屋」というラベルを貼られているのだ。自分がファンであるプロ野球のチームが勝ったり負けたりすることによって、機嫌がよかったり悪かったりする類《たぐ》いの人たちである。

考え方によっては、極めて単純な人であるから、適当につきあっていればよい間柄であれば、御《ぎょ》しやすい相手であるともいえる。調子がよさそうなときは、調子を合わせてコミュニケーションを盛り上げていけばよい。むっつりした雰囲気が感じられるときは、敬遠ぎみにして、当たらず障らずの姿勢に徹しておく。

したがって、当人としては、胸襟《きょうきん》を開いてつきあってくれる友達はできない。日によって、また時と場合によって、気分が変わってくるので、人から信頼される要素が欠けている。心の中を打ち明けて話をする相手ではない、と断じられてしまうのである。

友達の輪からも、徐々に外されていく運命だ。気分屋が気分の悪いときに加わってきたのではせっかくの和気藹々《わきあいあい》のムードに水を差されてしまう。大勢の参加者を必要とする会合のときなどに、人数を揃えるために誘ってもらえるだけになる。

自分が友人たちから敬遠される雰囲気を感じたら、なぜかと考えて反省してみる必要がある。まずは間違いなく、自分勝手な言動をする傾向が顕著に認められるからだ。ほかの人の迷惑などは考えないで、自分の都合や気分だけに従って、話したり行動したりしている。

友人たちが相手だからといって、気を許してつきあうのはよいが、好き勝手にしてはいけない。自分に自分なりの都合があるように、相手にも相手の都合があることを忘れてはいけない。自分の気分がよかったり悪かったりするように、相手にも相手の気分があることを肝に銘じておくことだ。

自分の気分によって自分が支配されているのは、理性を喪失した状態である。視点を自分の気分から相手の気分へと移す努力をしてみる。相手の気分を推し量ることに集中してみれば、自分の気分にあった不安定感なども霧消《むしょう》してしまうはずだ。

ビジネスの場においては、気分屋は最悪のパターンの一つである。仕事のスムーズな流れを確保し、共通の目標を目指して前進していかなくてはならない世界の中には、個人の気紛れなどが紛れ込む余地はない。

特に、上司が気分屋である場合には、そのチームの足を引っ張る結果になる。部下たちが、その上司の御機嫌伺いに神経を使う。その時間とエネルギーは、仕事にとって、完全に無駄なものである。

仕事の結果の善し悪しによって、機嫌が極端に変化する上司も、上司の資格を欠いている。結果だけではなく、努力した過程にまでも考えを及ぼして、仕事ぶりを評価する冷静さを備えていなくてはならない。さらに、将来に視点を置いた考え方を持ち続けて、状況判断を誤らないようにする。

嫌なことを目の前にして、笑ったり喜んで見せたりする必要はない。喜怒哀楽の人間的感情を表に出すことは、人間にとって自然な振る舞いである。その感情を抑えて能面のように表情を変えないでいたのでは、無気味である。喜ぶべきときに喜び、悲しむべきときに悲しむのはよい。だが、怒りや悲しみなどマイナスの感情については、人に当たり散らすことのないようにする。

それは、鬱憤《うっぷん》や憤懣《ふんまん》を人に押しつけることであって、品格のある人としては、するべきことではない。感情の捌《は》け口を人に求めるなどという行為は、人に敬意を表していない証拠である。人を人とも思わないのは、自分が人であることを放棄しているも同然だ。

自分の気分の波に揺れ動かされないで、上手に波に乗ったり波の下を潜ったりする心構えが必要である。それには、常に心を平らにして冷静さを持ち続けていくことだ。

一流

常に悠揚《ゆうよう》迫らぬ態度に終始する

責任

三流　人のせいにする

テレビや新聞などのメディアで、政治や経済をはじめとする、さまざまな分野で日々不祥事が起こったことについての報道が行われている。明確な意思の下に悪いことがなされた場合もあれば、過失によって悪い結果が招来《しょうらい》された場合もある。

また、システムや機器類がうまく作動しなかったために、人々に肉体的または財産的な損害を与えたり迷惑を掛けたりする場合もある。だが、それも、そのシステムの構築や機器類の製作にかかわった人たちに、万全の配慮をするという努力が欠けていたからだ。

自然の災害についても、予知する努力を怠ったり適切な予防措置をしなかったりした人たちに、少なくとも責任の一端がある。さらに、何かが起こったときに、その因果関係を逆に辿っていけば、誰かの作為や不作為に原因を見出すことができる。「風が吹けば桶屋が儲かる」式に巡り巡った、原因と結果のつながりによって、現在起こっている結果が生じているのである。

もちろん、そのように先の先まで考えていくのは、現実的ではないかもしれない。しかし、単に直接の原因だけではなく、その一つ前くらいの、間接的な原因については考えてみる必要があるのではないか。そうすれば、皆が自分の行為について慎重になり、よりよい世の中になっていくのではないだろうか。

仕事の場においては、それぞれに業務の分担が定められている。したがって、よくない結果が起こったときは、誰の責任であるかは明確にわかる。にもかかわらず、さまざまな言い訳を述べ立てて、自分の責任を回避ないしは軽減しようとする人がいる。

ほかの仕事に集中していたからとか、急用ができて作業を中断せざるをえなかったからとか、さらには時間がなかったからとかいって、自分を守ろうとする。最も質《たち》の悪いのは、人のせいにしようとする場合だ。周囲にいたり間接的に関係していたりする人の中から、「弱者」を選び出して、いわばスケープゴートに仕立てるのである。

自分が犯した間違いについても、どこかで人がしたりしなかったりしたことに、原因の一部をなすりつけることはできる。それは風と桶屋の諺《ことわざ》のようにまで考えていかなくても、ある程度のこじつけをすれば、容易にできることだ。だが、そのような小細工を弄《ろう》しても、人をごまかすことはできない。最も悪いのは誰かについては、皆知っている。皆が知らないだろうと思っているのは本人だけだ。

汚い言葉であるが、「いい出しっ屁」という表現がある。臭いといい出した人が、その放屁の本人であるというのだが、多くの場合に当てはまる原理でもある。少なくとも、最初にいい始めた人は怪しいと思ったほうがよい。犯罪が起こったときに、第一発見者を疑えといわれているのは、その一つの応用例である。

何かの問題が起こったときに、誰かほかの人を名指しで悪いといい出した人がいたら、自分が悪いことを打ち明けたにも等しいと解してみても、あながち間違ってはいないのではないか。

自分のしている仕事について間違いが起こったら、いさぎよく直ちに責任を取って謝るのは、大原則だ。それを人のせいにするのは白々しい態度で、そこには品格のかけらも見出すことができない。逃げようとすればするほど、その醜態がクローズアップされる。

何とか責任を逃れようとしても、皆に指摘されて自分が悪かったことを認めざるをえなくなる人もいる。そのような人たちのいう台詞《せりふ》は、極めて歯切れが悪い。「謝らなくてはならないと思います」などといって、自分としては謝りたくはないのだが、仕方なく謝らなくてはならない羽目になった「心情」を吐露《とろ》している。往生際が悪い。一応は責任を認めた点は多少評価できるが、自主的にではなく心からでもないので、依然として二流以下である。

責任は自ら進んで取るものだ。ほかの人に多少の責任がある場合でも、それまでも自分のものとする。これは自分の責任の範囲を広げていくことだ。皮肉な考え方をすれば、仕事の場における自分のテリトリーの拡張にもつながっていっている。実際に、ほかの人の責任までもかぶることによって、自分の勢力を拡げていった人は少なくない。それは度量の大きさと器量の上質さを示しているので、人々が信頼を寄せ、周りに集まってくる結果になるからである。

一流

いさぎよく自ら認める

素直さ

三流 自分の非は認めない

人は皆、過ちを犯さないようにと、日々努力を重ねている。だが、万能の神ではないので、過ちなくして過ごす日は一日もない。日々過ちの繰り返しの中で、生きている。十八世紀イギリスの詩人、アレキサンダー・ポープの詩の一節にあるように、「過つは人の常」なのである。

しかしながら、犯す過ちが多くなればなるほど、人間としての格は下がっていく、と考えられている。そこで、過ちを犯しても、できるだけ人に知られないようにしたり、自分でも認めないようにしたりする。その考え方は、人間の自然な感情に従ったものではあるが、同時に、人間の犯しやすい過ちの一つであるともいえる。

論語に「過ちて改めざる是を過ちという」とある。過つのは仕方がないことだが、それを改めようとしないのが、本当の意味における過ちであるというのだ。改めるというのは改善することであるが、その前に修復することを忘れてはならない。

すなわち、過ちによって生じた不都合な事態を元のとおりにする必要がある。人に迷惑を掛けていた場合には、きちんと謝罪をする。物質的な損害を与えていたら償いをし、精神的な打撃を与えていたら気持ちを元の状態に返す努力をする。

ところが、自分自身では過ちであることを認めて今後を戒める決意をしていても、それだけで終わっている人が多い。迷惑を掛けた人に対して、自分の非を認めて償いをするという作業には、手をつけようとしないのである。

たとえば、話をしているうちに、自分に不利な状況になったような場合だ。自分の欲で頭が一杯になっていたので、一方的に激昂《げっこう》してしまい、その場から相手を追い出してしまった。相手はあまりにも突然なことなので、驚いて抗弁する術も忘れ、呆れ返ってその場を辞した。「泣く子」に対するようなもので、度を過ぎた理不尽さに遭遇したときは、そこから逃げるのが賢明な策である。

そのようなことがあってから、あまり日時も経過しないうちに、どうしてもお互いが会わなくてはならない事態が生じた。紳士的に挨拶を交わしたが、すぐに四方山《よもやま》話になった。前回の非礼な言動に対して、まったく触れないで、天候や一般的な景気に関する話ばかりである。悔辱的な行動に出たという事実が、あたかもなかったように振る舞っている。事実をなくすることはできない。だが、それを認めると自分の不利になるからと考えて、その事実を抹殺しようとしている。なりふり構わぬ図々しさというかエゴで凝り固まったずるさというか、いずれにしても卑怯このうえない振る舞いである。

自分の非を認めたら、自分のプライドが許さないと思っている節のある人だ。それはプライドではなく、自分の心の狭さとエゴの強さを示していることに気づいていない。プライドは悪かったり劣ったりしている自分を守るために利用するものではなく、自分を正しく伸ばしていくための原動力とするものである。

自分は悪を「隠蔽《いんぺい》」しようと思っているのだが、目の前にいる相手は、その悪事の目撃者であり、直接の被害者である。隠しおおせるものではないことは、わかっているはずだ。それでも隠そうとするのは、自分自身の記憶からも、その悪事を追い出そうとしているからである。

過つは人の常であるから、過ったことを認めようとしないのは、自分が人間ではないことを示唆しようともしている。非人間宣言をするなどというのは、自分の品格をも完全におとしめることになる。このうえない愚行というほかない。

自分が悪いことをしたときは、まず自分自身に対して、自分が悪かったという事実を突き付ける。自分の心の中では、悪を追及する部分と自分を弁護する部分が、議論を戦わすはずだ。そこで、公正な判断を下すことができれば、自分の品格は上がっていく。

その判断を即座にすることができて、それを公表し、その「罪」に対する償いを皆の前でしてみせることができる人の品格は、間違いなく一流である。自己に対する厳しい姿勢が表に出てきたのが、その人の素直さである。

人をごまかすことは、時どき短期的には成功することもある。だが、自分をごまかすことは、自分の人格の否定にもつながっていくので、一流の人には不可能だ。

一流

自分が悪いときは素直に謝る

振る舞い

三流
人によって態度が違う

自分の会社の商品を買ってもらっている客先の人に対しては、礼儀正しく接していく。言葉遣いも丁重にして、きちんとした敬語を使うように神経を使う。相手の御機嫌を損なわないようにと、万全を期すのである。マナーの点からも当然の振る舞いである。

だが、特別に気を使った言動をするのは、相手のさじ加減によって、ビジネスの成果が異なってくる可能性があるからでもある。よく「お客様は大切に」というが、この心遣いの背景には、客が金蔓《かねづる》であるという、基本的な考え方があるからだ。この点に関しては、いくらきれい事をいっても、完全に否定することはできない。

「お客様は神様だ」というが、そういう心理の奥底には、金を払ってくれる人であるという期待と事実がある。単刀直入にいえば、「お客様は金様だ」となる。そのほうが、現実をより適切に表現しているのではないか。ただ、金に焦点を当てると、すぐに手に入る金に関心が集まって、客についての評価や判断を誤る危険性があるので、やはり、お客様は大切にするべきだ、というメッセージを銘記《めいき》しておいたほうが効果的であろう。

上司に対する姿勢においても同様だ。仕事自体について成果を上げるのは、働くのを続けていくための基本的な条件だ。そのうえに上司による評価も無視することはできない。好感を持たれるかどうかによって、上司の評価も微妙に異なってくる。感情による支配を受けない人はいないので、この点も重要だ。

上司によっては、自分の好き嫌いを優先して考える人もいる。上司としての資格においては欠けているとはいっても、部下としてはそのような上司を「嫌いだ」といって排することはできない。また、そのような上司に限って、部下に対する生殺与奪《せいさつよだつ》の権は自分が握っていると思い込んで、そのように振る舞う。それに対して敢えて戦いを挑むのは得策ではない。

以上のような理由で、自分より優位ないしは上位に位置している人に対しては、丁重な姿勢に徹している。しかしながら、その「反動」であるかのように、自分より劣位ないしは下位に位置している人に対しては、人を人とも思わないような接し方をする人がいる。乱暴な口をきいたり、押しつけるような物のいい方をしたりする。挨拶されても、うなずけばよいほうで、目を向けただけで無視するに近い態度を取ったりする。

たとえば、自分が客の立場に立っているようなときである。飲食店で食事をしたり乗り物に乗ったりする場合は、人からサービスを受け、それに対して金銭を支払う。そこで、相手を見下して、あたかも下男や下女のごとき扱い方をする。

だが、サービスと金銭とを交換するのであるから、お互いの関係は対等であるはずだ。需要と供給の関係について、現時点で一方が優位な立場に立っているだけである。稀少価値のあるサービスであると、その立場はたちまちにして逆転してしまう。金を支払うにしても、三拝九拝《さんぱいきゅうはい》してサービスを受けようとする状態になる場合もありうる。

店は金を支払ってもらうことに感謝するが、客としても、食べたいものを食べさせてもらうことに対して感謝しなくてはならない。金を払うほうが、もらうほうよりもエライと考えるのは、経済の原則から考えても間違っている。さらに、人間は皆平等であるという考え方に立てば、一方が他方を見下すというのは異常というほかない。

いずれにしても、自分と相手の立場に関して自分勝手に優劣の判断をしたうえで、態度を変えるのは、人の道に反している。立派な身なりをして、それなりの社会的地位にあったとしても、その人の品格は三流である。エセ紳士であるので、そのうちに馬脚《ばきゃく》を露《あらわ》してしまう。

とはいっても、さまざまな観点から自分より下に見える相手に対しては、ついぞんざいな口をきいたり見下した態度に出たりするのも、凡人の浅はかさで、時どき起こることだ。一つのテクニックとして、あなどった見方をしそうな相手に接するときは、身をやつしている、実は立派な人であると考えてみる。

場末の飲み屋の従業員をしているが、実際は自分の大切な得意先の社長の御曹司かもしれない。そう考えると、あだやおろそかな扱い方はできないだろう。そのようにでも考えて振る舞うようになれば、自分の品格も二流くらいにはなってくる。一流は、どんな人とでも無心になって平等につきあえる人である。

一流 いつでもどこでもどんな人とでも対等に接する

判断

三流

多数決などの長いものに巻かれやすい

封建制の下では、主君をはじめとする少数の上層階級が、強固な上下関係を確立し維持することによって、多数の人民を支配していた。強権的に人々を動かしていたので、主君の恣意《しい》によって、個人の自由が制限されていた。

民主主義の世の中となり、人民が自らの手で自由と平等を保障することができるようになった。人民という大勢の人たちが、自分自身をコントロールしなくてはならない。ところが、大勢となると、その考え方や価値観もさまざまであるので、そのままにしておくと秩序がなくなってしまう。

そこで、人民の意思をまとめる仕組みやシステムが必要となってくる。そこでは、個人の自由をある程度拘束する結果になるが、それは仕方がない。個人の自由というのは自分自身の欲が十分に満足させられることではなく、ほかの人たちの欲との兼ね合いを考えたうえのものであるからだ。

民主主義の大きなテクニックの一つに多数決があり、この正当性を押し出すことによって、人々を納得させようとする。確かに、数は全人類共通の判断基準の一つであり、数の多少については異論の出る余地はない。

だが、数そのものは抽象的なものである。数の大小を問題にした途端に、その一つひとつの数の背景にあった内容に対する考慮は失われてしまう。すなわち、多数決というときには、数という量が評価されるだけであって、その質は完全に無視されている。

この点に、民主主義による政治は衆愚政治になる、と悪口をいわれる所以《ゆえん》がある。人々を上手に操り扇動する政治家が現れると、たとえ一時的ではあれ、多くの人民が手玉に取られて、その政治家の恣意による政治も可能になる。

物事が数すなわち量によって判断されている世界は、次元的には低い位置にある。やはり、人間という高等動物である以上は、質を見極めてから判断する能力を備えているはずだ。量よりも質に対して、どこまで重点を置いて考えることができるかによって、その人の格も決まってくる。

世の流れ、すなわち大多数の人たちの生き方に従っていくほうが楽である。流れに逆らったり流れから外れていくのは、勇気を必要とする。しかしながら、流れが間違っていると思ったら、その流れに漫然と流されるままにしているべきではない。たとえ、流れを変えることはできなくても、流れの間違いを指摘して、正しい方向性を示すくらいのことはする必要がある。

仕事の場で、何かが全会一致で決せられようとする事態になったら、まずどこかがおかしいと疑わなくてはならない。人はそれぞれに利害が異なっているので、必ず異なった意見があるはずだ。そのような意見が出てこないということは、皆が自分の率直な考えを述べていないことにほかならない。

したがって、こじつけでもよいし奇想天外なアイデアでもよいから、何らかの異論を唱えてみる。すると、皆の考え方や目指す方向性についても、緊張性が加えられ、より内容のある結論が導き出されてくる。

多数決という方式にしても、それを金科玉条《きんかぎょくじょう》としてはならない。その中には隠れた独裁者の意思が隠されている場合も少なくない。それに巻きこまれないように、自分自身で判断する癖をつけておく。どこかがちょっとおかしいと感じたら、その違和感を徹底的に分析していってみる。どうせ反対しても駄目であろうと考えて、長いものに巻かれるのは、自分の人格を下げるだけだ。

多数意見に従って結論を出し、それに従って行動を起こしていく場合でも、常に少数意見を参考にしたり加味したりしていく。少数意見のほうが「質」において優れている可能性が、常にあるからである。それに、単に量的な視点から見ても、少数意見も全体の意見の一部であることには間違いないからだ。「総意」に基づいて考えるという大原則を忘れてはならない。

多数決というのは、「取り急ぎ」結論を出そうとする、便宜上の手段でしかない。常に異論との調整を図りながら進んでいくのである。自分に自分の立場や考え方があるように、人にも人の立場や考え方がある。その点を念頭において、バランス感覚をフルにはたらかせて、状況判断をしていく。そのような考慮ができる能力のある人は、意見の異なった人々からも信頼される。心遣いが琴線に触れることになるからだ。

一流 他人と自分のバランスをとった状況判断ができる

勝負どころ

三流

勝負どころがわかっていない

人生は長期戦である。マラソン競争と同じように、ずっと走り続けなくてはならない。ただ、人生には生きている限りはゴールのない点が異なっている。ずっと全力疾走をしていたのでは、途中で失速してしまう。自分の進んでいく道の状況をよく観察し確認しながら、慎重を期さなくてはならない。

自分の能力を知ったうえで、それに合った対策を立てて、人生という勝負に臨んでいくのである。平坦な道ばかりではなく、上り坂もあれば下り坂もある。予期せぬ雨が降ってくることもあれば、急に強風に見舞われて難儀することもある。

何とか自分のペースを守って進んでいっていると思っても、競争相手が現れて行く手を阻んだり足を引っ張ったりするかもしれない。そのような自然の、あるいは人的な障害にも、その都度適切に対処していくことができなかったら、人生の脱落者となってしまう。途中で休むことはあっても、人生という生存競争において棄権をすることは許されない。

障害ばかりが出てくるとは限らない。大いに飛躍するチャンスも、どこかで必ず到来する。自分の得意なところを発揮できる状況になったときに、それまでの疾走で息が切れていたのでは、みすみす機会を取り逃してしまう。そのときのために、ある程度の余力を残しておく必要がある。

学生時代に勉強をするときは、寸暇《すんか》を惜しんで勉強一筋に努力するのもよい。だが、仕事の世界は一筋縄ではいかない。周囲の状況や価値観も刻一刻と変化していく。それに対応するためには、視野を広くして、臨機応変に動けるようにすると同時に、網を張ってチャンスを待ち構える心得も必要である。

すなわち、仕事に精力を傾注するといっても、腹八分目と同じように、仕事八分目くらいを心掛けておく。そうしないと、大きな世の流れの方向も見極められなくなり、小さな仕事の世界に埋没してしまう危険性がある。

目を血走らせ髪を振り乱して走り回っていたのでは、目先の仕事を仕上げるのが精一杯だ。人にも便利に利用される結果になって、神経をすり減らしてしまう。そのような状態が続いていけば、息も切れてきて、最悪の場合は燃え尽き症候群になる危険性も高い。

仕事の世界では、脇目も振らずにはたらき続けたのでは、「できる人」にはなれない。前だけではなく横や後ろも見ながら、仕事に関係のない人たちの話にも耳を傾け、そのうえで自分で考える時間を持たなくてはならない。そのように日々世界の空気を感じながら生きていれば、自分に日々磨きをかけていく結果になる。

自分の出番がやってきたときには、すべて準備が整っているかたちになっている。そこで、即時に集中的な力を発揮することが可能になる。チャンスが到来してから、慌てて準備しても遅い。「泥棒を捕らえて縄をなう」のと同じで、間に合わない。普段の積み重ねが肝要である。それがなかったら、余裕がないので、ここがチャンスだとか勝負どころだとかいうことさえわからない。

チャンスに対する本番は、常にぶっつけ本番だ。リハーサルをするひまもない。また、リハーサルをすれば、本番のときにリハーサルの結果にこだわる気持ちが生じる。それだけ勢いがなくなってくる。それまでに培ってきた、自分の力を信じ、それを率直に表していけばよい。

本番だからといって、実力以上のことをしようと思ったら、まずは失敗する。自分を自分以上につくろうとする作為に力を注ぐことになって、対象となる仕事そのものに集中していくエネルギーが削がれるからである。

自分は自分以上でもないし自分以下にはなりようがない。その点を肝に銘じておけば、どんな場合でも、自信を失うことはない。我を忘れて集中することができる。何をする場合でも、自意識が出てくると、マイナスの結果になる。自分自身のことを考える分だけ、対象へのはたらきかけが弱くなるからだ。

何か心が揺れるようなときには、虚心坦懐《きょしんたんかい》を心掛けてみる。そこで、徐々に緊張感が押し寄せてきて、それが高揚感に変わっていくときは、勝負どころであることを示している。人間は文明に「毒され」て五感や第六感の能力が劣ってきている。しかし、心を落ち着かせてみれば、本能の力もかなりの程度に復元することが可能だ。

本能の力を研ぎ澄ますことができるのは、人間としての能力を最大限に発揮して、タイミングを図り成果を上げる人の条件である。

一流

ここぞというときの集中力に優れている

緊急時

三流

「いざ」というときに逃げる

本部から幹部がやってきて、会合などを開くことがある。最近の業界の動きや会社の業績についての説明を行ったり、現場とのコミュニケーションを図ったりするのが目的だ。

大抵の場合、最後に何か質問があったらするようにといわれる。

そのようなときに、手を挙げて質問をする人は決まっている。生真面目な人か、目立ちたがり屋である。後者の場合は、詮索するような質問をすることはなく、前向きな内容ではあるが、ありきたりの事柄について聞く。迎合的な姿勢に終始するので、おべっかの要素が多いことは誰の目にも明らかだ。

一般的に、話をした後に質問を受けるときは、話した内容やテーマに関係することに限るのが原則だ。まったく異なった話題や話した人の個人的なことについて聞くのは、ルール違反となる。話し手に関するスキャンダルや暴露的なことに言及するのは、質問する人自身の人格を落とす結果にしかならない。

また、質問がまったくないと、話した側としては拍子抜けした思いがする。それは、話した内容がすべて十分に理解されたということではなく、聞く人たちの興味を惹かなかったという証拠である場合が多いからだ。質問が活発になされるのは、話し手にもっと話してもらいたいという要望の表れでもある。それは、アンコールと同じ意味であると解することもできる。

いずれにしても、ルールにのっとってする、的を得た質問は、お互いのコミュニケーションを深める結果になるので、その意義は大きい。建設的な質問をする習慣をつけることは、本人のためにも、また企業のためにも、大いに歓迎すべきことである。おべっかに近い質問でも、しないよりは遥かによい。上司にへつらう気持ちがあったとしても、集まりを活性化する効果があるからだ。

そのような目立ちたがり屋に限って、何か重大な事件が起こったり緊急な事態が生じたりしたときは、尻込みする。目立たないようにして、皆の後ろに隠れようとする傾向さえ見られる。急に忙しくなったふりをして、あちこちと走り回り始める。

難事をさせられるのを避けようとするのである。難しいことをするのは、人一倍の労力を必要とするだけではなく、成功する確率も低い。したがって、割の合わない仕事なのである。そのような計算をするのは、ずるいというほかなく、品格のない人である。自分の目先の利ばかり考えているからだ。

勇気のある人は、ほかの人がためらうような仕事も、率先して引き受ける。敢然としてリスクを取ろうとするのである。チームの中の誰かがしなくてはならないのであるから、自分がやってみようとも考える。

そのような犠牲的精神にも、実際にはメリットがいくつかある。まず、緊急事態であるから、普通のペースで手をつけるわけにはいかない。いわば決死の覚悟で立ち向かっていかなくてはならない。「精神一到何事か成らざらん」で、普段よりも大きな力が出てくるので、難事も成し遂げることができる結果となる。

さらに、皆が注目しているので、自然に全力投球をするという心理状態にもなる。見せ場であり正念場となっているのだ。よい成果が上がれば、できる人という評判にもなり、上司からも常に引き立てられる結果になる。

また、たとえ失敗したとしても、緊急の場における難事であったので、ある程度は仕方がなかった、と考えてもらえる余地はある。ほかの誰も成し遂げる自信がなかったので、自分がする羽目になったという状況にもなっているからだ。

少なくとも、会社を救おうとした意気込みは評価してもらえる。ほかの人も、もし自分がしたら上手にしてよい成果を上げていたのに、などという立場にはない。皆が尻込みしてしなかったのであるから、そのようなことはいえた義理ではない。

リスクはチャンスなのである。うまくいけば大いなる飛躍をすることになり、大いなる自信もつく。手を挙げて買って出ても、リスクが大きいだけに、目立ちたがり屋であるといわれたり、売名行為であると決めつけられたりすることはない。

謡曲『鉢木《はちのき》』の話のように、「いざ鎌倉」というときに、鎌倉幕府に馳せ参じたら、その「忠誠心」を誉められ、大いなる褒賞に与ることになる。それを狙う意図があれば二流だが、自然にできるようになれば一流だ。

一流 「いざ」というとき真っ正面から立ち向かう

第２章

一流の話し方、三流どまりの話し方

連絡

三流 相手の都合を考えないで連絡する

電話は実に便利な、文明の利器だ。遠くにいる人に対して、その人があたかも目の前にいるかのように考えて、話し掛けることができる。仕事をしているときであれ家族や友人に対するときであれ、電話があるために、どれだけスムーズに事が運んでいるかを考えると、電話様々といわざるをえない。

しかしながら、便利のよいものは、つい「便利に」すなわち自分勝手に都合よく利用する傾向があるので、注意を要する。自分が使うことによって、人が迷惑をすることはないだろうかと考えてからでないといけない。人にだけではなく、自分自身にとっても、将来的によくない結果をもたらすのではないかなどと、時どきチェックしてみる必要がある。

便利は人を怠け者にする。それだけ身体を動かしたり頭をはたらかせたりすることが少なくなる点に、留意しなくてはならない。何かの拍子に、自分が日々便利よく利用しているものについて、原点に立ち返って、そのメリットとデメリットを考察してみる。その心掛けを失わなかったら、怠け者になったり人間として堕落したりすることも、ある程度は防げるはずだ。

さて、電話についてである。予め打ち合わせをしている場合を除き、電話は受けた側にとって、唐突であり無断でのはたらきかけである。闖入《ちんにゅう》というにふさわしい行為だ。すなわち、相手にとっては、電話はすべて「迷惑電話」なのである。

もちろん、朗報をもたらしたり利益を提供しようとしたりする電話は、歓迎される。だが、それも話の内容を聞いたり、電話を掛けてきた人が誰であるかがわかったりした後である。電話のベルが鳴るのは、個人が守っている世界に踏み込んでくる「無法者」のノックにも等しい騒音でしかない。

仕事の場では、皆が「仕事モード」になっているはずだから、仕事に関する電話をするのは、当然のことながら許される。しかしながら、深い思考モードの真っ只中にあるときであるかもしれない。そのようなときには、迷惑度はかなり高い結果になる。

したがって、電話はむやみやたらにしないというのが大原則である。自分に電話を掛ける必要があって相手が電話口に出たときでも、その電話が相手の迷惑になっていないかどうかを確かめる心遣いは、マナー上からも必要不可欠だ。自分勝手にしゃべり始めるのは、自分の無作法をさらけ出して、品格を落とすだけである。

親友同士であれば、さしたる用件もないのに電話をして、安否を確認し合ったり無聊《ぶりょう》をかこち合ったりするのも許される。それは雑談であり四方山話である。友情を保ち続けるための機会を創出しているのであるから、意味もあり効果も期待できる。

ところが、それほどに親しい間柄でもないのに、電話を掛けてきて、緊急性のまったくない話をだらだらとする人がいる。しかも、話しながら自分の考えをまとめようとする気配があると、迷惑の度合いはこのうえなく高くなる。

私も執筆中に電話をされると、多かれ少なかれ迷惑に感じるのが、正直な気持ちである。頭の中にある考えを書き出しているときに中断されると、その考えを最初から組み立て直さなくてはならない場合もある。また、その考えを完全に忘れてしまうことさえある。そこで、私が先生業をしている場における人たちが連絡をしてくるときは、緊急でない限りは、電話をしないようにと頼んでいる。

まずファクスで連絡をしてきてくれて、それに対して私が、できるだけ速やかにではあるが、私の都合のよいときに電話かファクスで連絡をするのである。もちろん、一両日中に連絡すればよいような事柄については、電子メールも利用したりする。これは私の我がままであるが、皆の理解と了解を得てしていることだ。

電話、ファクス、電子メールなどという、利便性の高いコミュニケーション手段には、その便利さのために、「軽さ」がつきまとう。事務的なニュアンスが感じられるからである。

したがって、心情を伝え、真情をわかってもらおうとするときは、やはり会ってから面と向かって話し合うのが礼に適っているし、最も効果的でもある。

また、手書きの手紙には、その人の人柄が偲《しの》ばれて、心の温まる思いがする。水茎《みずくき》の跡と行間に、それを書いた人の思いが、ぎっしりと詰まっているからである。

一流

電話、電子メール、手紙、それに会うことの意味を知っている

伝え方

三流

わかってくれるはず、という期待ばかり

政治や経済の表舞台で、不適切な発言が問題になることがある。メディアの論評でたたかれ、世間の非難を浴びると、仕方なく前言を取り消したり修正したりする。そのときに、間違った考え方をしていたといって、全面的に誤りを認めて謝罪するのは、まさに稀有《けう》である。

大抵は、表現の仕方が適切ではなかったなどといって、ごまかそうとする。自分を正当化するために、問題となった発言に関して、屁理屈をこね詭弁《きべん》を弄する。その卑劣な態度は見苦しい。本人は威厳を保ち続けているつもりかも知らないが、人々はその小人物ぶりをとくと観察する結果になっている。

さらにひどいのは、発言には誤解を招く部分があった、などという人だ。誤解を招いた

というときは、誤解をした人の側にも幾分かの責任があるようなニュアンスがある。きちんと理解する能力がなかった、といわんばかりだ。人が自分にとって都合の悪い解釈をしたといって、人を非難する姿勢である。

コミュニケーションとは、考えていることや気持ちを相手に伝えることによって、お互いが共通の認識に到達することである。一方が伝えたと思っても、他方がそのままに受け取って理解しなかったら、コミュニケーションは成立していない。伝える側としては、相手が自分の真意を理解してくれるところまで努力する義務がある、と心得るべきである。

自分勝手に発言しっぱなしで、それでメッセージを伝えたと思っている人は、コミュニケーションに関しては、三流以下だ。相手にわかりやすいようにと考えて、伝えられるようになれば、二流の域に到達する。だが、相手が理解したのを確認するまでは自分の責任であると考えて、コミュニケーションに努めるようにならなくては、まだ一流とはいえない。

仕事の場でも、口頭によってであれ文書によってであれ、伝えられた指示や指針が守られないことがある。その場合に、あれだけきちんといっておいたではないか、などというのは筋違いである。内容を理解させただけでは十分でない。皆が実行する気になるところまで努力し確認する必要がある。

すなわち、皆が納得するように、十分に状況の説明をし、そのような指示や指針の必要性を訴えるところまでが、メッセージを伝える側の責任である。また、受け取る側としても、漫然と聞いたり読んだりするのではなく、全神経を集中して理解しようとし、さらにできれば確認をしておく。

「伝言ゲーム」をしてみれば、メッセージを正確に伝え間違いなく受け取ってもらうことが、いかに難しいかがよくわかる。五、六人を経てくると、当初のメッセージとは似ても似つかぬ内容になっていることも珍しくない。何となく似てはいても、ポイントは確実にずれてくる。

その原因の一つは、まず理解力にある。人によって経験や知識、それに価値観が異なっているので同じメッセージに対しても、理解の程度と仕方が異なってくる。次に、記憶力の問題がある。いったん正確に理解したつもりでいても、記憶が薄れてくるので、メッセージの内容が「変質」してくる。したがって、重要度の高いメッセージの場合は、頻繁に繰り返していく必要がある。人の記憶の「鮮度」を保つ努力をするのだ。

さらに、変わるのは記憶だけではない。周囲の環境の変化に従って、人の考え方なども徐々に変わっていく。異なった状況の下では、同じメッセージも、少なくとも少しは異なった意味や意義を持つものへと変化していくのである。

伝えようとすることは、言葉が多くなればなるほど、理解が難しくなる。すなわち、あまり説明をしたり修飾する言葉が多くなったりすると、逆に正確に受け入れるのが困難になる。言葉は簡潔を旨としなくてはならない。そのほうが、相手の心に訴える度合いが強くなる。

自分勝手に簡単ないい方をするのではなく、相手の経験や知識を考慮したうえで、それに適切な言葉を選んでいく。メッセージを正確に伝えるには、まず相手をよく知ることである。相手の立場に立って、理解するだけではなく納得できるような伝え方を工夫していく。

いずれにしても、コミュニケーションは、情報を送り出せばよいとする発信主義ではなく、受ける側がきちんと「咀嚼《そしゃく》」するのを目的とする受信主義を信奉しなくてはならない。

一流

相手が理解するところまで自分の責任であると考える

言葉

三流　「いってはいけない」ひと言で失敗する

仲のよかった友人同士が、突如として疎遠になり、会う機会があっても口もきかないという間柄になるときがある。その原因を追究していくと、何かの拍子にいった一つの言葉にあることがわかる。

大人になったら、けんかをしても殴り合ったりすることはない。大体は言葉を使っての議論の応酬が白熱したときに、けんかの状態になる。相手の話の不備な点や弱い点を指摘して攻撃しているうちはよい。すなわち、議論が成立している限りは、「知的な」論争というかたちは持ち続けている。

だが、相手の主張を切り崩すことができなくなったり、論点がずれてきたりすると、攻撃の的が、相手の議論ではなく、相手という人間へと移っていく。人身攻撃の様相を呈してくるのである。そこで興奮してくると、とにかく相手を打ちのめそうとする。相手にショックを与えるために、効果的な言葉を探し出すことにもなるのだ。

そこで、相手が常に心の奥底でコンプレックスとして抱いている点を突いた言葉をいったり、侮辱的な言葉を吐いたりする。いわゆる「いってはいけない」ことである。だが、それは相手に大きな打撃を与えるが、同時にお互いの人間関係にとって壊滅的な打撃を与える結果になる。「それをいったら、おしまい」なのだ。

物理的な暴力よりも言葉の暴力のほうが酷《ひど》いことも多い。肉体への暴力による傷跡は、時の経過とともになくなる。ところが、心に突き刺さった、過酷な言葉は、永久に消えることがない。いつまでも癒されないままに、「永久保存」されるのである。

洋の東西を問わず、侮辱的な言葉としてよく例に挙げられるのは、母親を侮辱する言葉だ。それをいわれた途端に、いつもは思慮深く冷静を保っている紳士が激昂したりする。思いがけない行動に出て､ルール違反を犯してしまう。しかも､その違法な行動も､胸を張って正当化している。

また、同じ言葉でも、時と場合と場所によって、許されたり許されなかったりする。たとえば、相手を馬鹿呼ばわりする場合だ。仕事の場で部下が不注意であったために失敗したり、怠けていたために成果が上がらなかったりしたら、叱責する必要もある。自分の憤懣やる方なく、部下を馬鹿だと決めつけていうこともある。

すでに犯した間違いについては、当人がすでに反省もしているはずであるから、さらに追いかけて酷い言葉を浴びせるのも、それほど効果的ではない。逆に反感を買って、将来のやる気を削ぐ危険性さえある。したがって、できる上司は、あまり叱責などという手段は採らない。

だが、人には仕事のやり方について、それぞれにスタイルがある。馬鹿呼ばわりをしても、普段の心遣いがあれば、それほど問題にはならない。特に、ほかに人がいないところでいうのであれば、上司と部下との関係という点から、許される場合もある。

ところが、もしその部下の妻や子供などの家族がいる前で、馬鹿呼ばわりをしたら、どうなるか。その家族の心を大きく傷つけてしまう。会社では、たとえ間違いばかり犯している、無能な部下でも、家族にとっては頼りがいがあって愛すべき、夫であり父親である。その大黒柱の権威を否定するような言葉を聞いたら、家族としては立ち直ることのできないほどのショックを受ける。

当の本人も、自分が受けた心の痛手だけではなく、家族が受けた精神的な損傷を考えるとき、その打撃の大きさには量り知れないものがある。全人格を否定されたかのように感じるだろう。その上司を一生恨み続けたとしても、それほど非難することはできない。

言葉の暴力によって与える傷は、目に見えない。そこで、人を傷つけるような言葉も、つい不用意にいってしまう傾向がある。自分が怒ったり残念に思ったりして興奮したときは、特に気をつける。目の前にいる人や周囲にいる人たちの名誉を傷つけたり、面目をつぶしたりしないようにと、ひと息入れてから言を発するようにする。

「言葉は身の文」といわれている。言葉にその人の品格が表れてくるのである。自分の口から出る言葉によって、相手がどのような気持ちになるかを考えた上で、口を開く習慣をつけなくてはならない。その習慣が身につくに従って、自分の品格も少しずつ上がっていくはずだ。

一流

常に相手の人格を尊重したうえで口を開く

アドリブ

三流 当たり障りのない話しかできない

店舗に入っていくと、「いらっしゃいませ」といわれる。決まり文句の挨拶であるので何らの感慨も覚えないが、何もいわれない場合に比べると気分はよい。だが、近くにいる店員の皆から、同じ歓迎の挨拶を立て続けに浴びせかけられると、少しうっとうしくも感じる。

店員の一人ひとりによって、忙しさや気分も異なっているはずであるにもかかわらず、画一的な言葉が出てくるので、不自然だと考えるからだ。マニュアルなどで「大量教育的」に教え込まれた対応の仕方である点に、心が引っかかる。

客はそれぞれに個性や欲求がさまざまに違っている。それを同じように扱おうとするので、客としては、十把《じっぱ》一からげにされたと感じて、不満に思うのである。客は大衆というマスの一人にすぎないのであるが、マスとして処理されるのを嫌がる。そこで、マニュアルに従った扱いに対して反発するのである。

大量生産方式によって製造され、大量販売システムに従って売られている商品を買うときでも、自分が唯一無二の客であるかのように扱われたいと思っている。その客の希望ないしは期待に対して、どこまで近づけるかが接客の姿勢のポイントとなる。

マニュアルは、店側としては、一定の程度以上のサービスを保障しようとするものだ。それは、客側から見ると、最低限のサービスでしかない。丁重な扱いになっているだけに、逆に、慇懃《いんぎん》無礼《ぶれい》な姿勢として映ってしまう可能性がある。

都会の中心部にある立派な店舗で、しゃれた格好をしている店員が高級品を売っている場合でも、杓子《しやくし》定規な言葉で応対されたのでは、三流の店という印象を受ける。一方で、田舎の店で普段着を着た店員であっても、心と心とが触れ合うような会話を交わすことができたら、心温まる思いがする。人の気持ちのぬくもりが、その場の雰囲気を一流のものとするのである。

仕事の場であれ個人的な生活の場であれ、マニュアル的な会話にならないように気をつけなくてはならない。通り一遍の挨拶をして当たり障りのない話をしていたのでは、無難であるというだけだ。人間関係においても、それ以上の発展は望めない。

長い人生航路であるとはいえ、その中の一瞬一瞬はかけがえのない人生の一部である。その中で人と会って話をするのも、軽視することのできない、大切なイベントの一つだ。できるだけ楽しく、人生にとってプラスとなるものにしたほうがよい。

少しでも相手の心に触れたり心を引き出したりするようにしてみる。その発火点になるのは、気のきいた言葉である。決まりきった言葉ではなくて、相手に歓迎される刺激を与えるような言葉を選ばなくてはならない。その場の雰囲気に合わせたことを、臨機応変にいうのだ。

アドリブは、予め準備していたものではないので、それだけ率直な気持ちが表現される結果となる。突如として出てくるので、論理や理性によるチェックを受ける度合いが低い。そこで、心の窓が開かれたにも等しいことになるのである。

考えた末の言葉ではないので、その人の性格や考え方、それに気分など、いわばその人のすべてがそのままに表に出てくる。まさに「アドリブは心の鏡」ということができる。それがその場に適ったものであれば、才気煥発の人であることの証左である。

ユーモアの要素が入っていれば、このうえない。人々の心を温かくして、品のよいおかしさを醸し出してくれる。ユーモアのセンスは、人生を楽しくしようとする、たゆまない努力の積み重ねのうえに備わってくるものだ。付け焼き刃で何か面白いことをいおうとしても、失敗することが多い。人生に対する視点が定まっていないので、場違いなことをいったり、品の悪いことに言及したりする可能性がある。

無理やりにしゃれたことをいおうとすれば最悪の事態になる。また、調子に乗って駄じゃれを連発するのも、人びとの顰蹙《ひんしゅく》を買ってしまう。自分が得意になろうとする意図があったのでは、その邪心が邪魔をして、人の心を打つような言葉は出てこない。

相手と一緒に楽しい一時を過ごそうとする気持ちを持ち続ける。そうすれば、わさびを利かせようとする「気転」も、自然にきいてくるようになる。

一流　その場に最適な話を臨機応変にすることができる

知識

三流

知ったかぶりをする

三、四日外国旅行をして帰ってきても、最近のニュースについて、ほかの人たちとの話が合わなくなっている。現地の新聞などを見ていたのでは、世界的な一大ニュースはわかるものの、日本国内の出来事については、それほど報道されることはないので、知らないからである。

メディアのネットワークの発達などによって、さまざまな情報がいろいろなかたちで速やかに次々と、ばらまかれている。ちょっとの間、日本のネットワークから外れていただけで、浦島太郎のようになってしまう。人が知っていて自分が知らないことが、またたく間に山積しているのである。

仕事のことなど自分の専門の分野については、日々努力をして情報を収集したり勉強したりしている。しかしながら、日進月歩の世の中であるから、主要なことについてさえ、すべてを知っていることは不可能である。知らないだけではなく、事実について知ってはいても、内容については正確に把握していなかったり間違った理解をしていたりする場合もある。

すなわち、自分が知っていることは極めて限定的である。知識全体の量に比べると、自分が専門家であっても、自分の知識の量は極めて少ない。すべてに通暁《つうぎょう》している人などは存在しないのである。

したがって、知らないことがあっても恥じることはない。「聞くは一時の恥、聞かぬは一生の恥」などという諺があるが、知らないから聞くのは、一時の恥にもならない。その前向きで率直な姿勢は、褒められて然るべきだ。

その諺よりも、論語にある「知らざるを知らずとせよ是知れるなり」という言葉をモットーとしたほうがよい。知らないことを明確に知らないと認識することによって、知ろうとする姿勢になる。そこから、自分の知識も増えていくし、人間の進歩への道も開けてくる。

知ったかぶりをするのは、うそをつくことであるから、自分が三流以下であることを表明しているにも等しい。それに、知識を身につける機会を逸してしまうので、それだけ損をする結果にもなる。

相手は、知っているという前提の下に話を進めていくので、話の内容がさらにわからなくなってくる場合も生じる。それに対して、とんちんかんな受け答えをすれば、話が混乱してくる。そこで、知ったかぶりをしたことが暴露される結果にでもなれば、最悪の事態である。いうことが信用できない人というレッテルを貼られることになる。

もし、途中から話がわからなくなったら、できるだけ早い機会に、知っているふりをしたことを打ち明けて、教えを乞うのだ。話の流れや勢いのために、相手のいうことにうなずいていたほうがよい場合もある。特に社交的な場などで、ほかにも人がいたようなときに、知らないからといっていちいち質問をしたのでは、話の腰を折る結果になる。

いずれにしても、「積極的に」知ったかぶりをするのは、誠実な人柄に対する汚点となる。なるべく早く、その悪を認めれば、三流の域から脱出し、せめて二流にまでなるのが可能になるだろう。

また、人が一所懸命に話そうとすることに対して、即座に「そうだよ」とか「知っているよ」などというのは、相手の気も殺《そ》ぐし、自分にとっても損だ。よく知っていることでも、「よくは知らないがそうらしいね」というくらいに留めておく。

よくは知らないときは、「知らないふり」をする。それらは、相手に対する配慮に基づいたものであるから、うそも方便のカテゴリーに属し、許されるであろう。そのような対応をすることによって、相手の話を促すのである。

そうすれば、自分が知っていたと思ったことについて、別の角度からの見方を教わったり、自分が間違えて理解していたことに気づいたりすることがある。さらには、自分がまったく知らなかった情報を、追加的に入手する場合もある。自分にとっても得をする結果になるのだ。

正確な知識や情報を入手し、しかもそれらをアップツーデートにしておくためには、まず自分は何も知らないという謙虚な姿勢に徹することだ。それができるようになれば、一流の知識人への道に向かって第一歩を踏み出した、といって胸を張ってよい。

一流

自分は何も知らないと謙虚な姿勢を堅持する

バランス

三流 馴れ馴れしすぎる、よそよそしすぎる

ある団体を中心とする活動があり、私もその会議やパーティーに参加することがある。私は周辺的な部分で時どき仕事をする程度であるが、かなりの長期間にわたって関係しているので、面識のある人も大勢いる。会うと挨拶をし、ちょっとした情報交換くらいはする仲の人たちである。

その中に一人だけ、そのときによって対応の仕方が異なるので、とまどった思いをする人がいる。挨拶をしても、こちらを見るのであるが、まったく反応を示さない。いくら忙しそうにしていても、目でうなずくことくらいはできるはずだ。

そうかと思うと、私がほかの人と話しこんでいるときに、突如として後ろから肩を叩いて話し掛けてくる。満面に笑みをたたえて、へつらわんばかりの態度である。何十年来の

親友同士のように、馴れ馴れしい話し方をする場合もある。

もちろん、そのような予期できない行動様式にも徐々に慣れてきたので、それほどに驚くこともなく、適宜に対応できるようになった。だが、よく観察してみると、そのような行動はほかの人たちに対してもしているようであった。彼の場合は、若いとき海外で病気になり、それが原因であるという噂を聞いてからは、ある程度納得できるようになった。

この例のように極端ではなくても、その日の気分によって、よそよそしくしたり、馴れ馴れしくしたりする人はいる。いつもより他人行儀に振る舞われると、何か機嫌が悪くなるようなことがあったのかと、他人事ながら少し心配する。また、何か自分が迷惑を掛けたり機嫌を損じたりするようなことをしたのではないかと、不安になる場合もある。

一回か二回しか会っていない人が、言葉遣いも軽く百年の知己のように話し掛けてくると、一瞬人違いをしているのではないかと疑ってしまう。実際に、パーティー会場などで、アルコールが入った状態になっているときは、人違いではないが、親しさの度合いについて勘違いをしている人に出会うことはあるが。

たとえ親しい間柄であっても、自分勝手に自分の気分に従って話しかけたのでは、相手の気分を害したり乱したりするかもしれない。最初に言葉を発するときは、相手の気分をうかがい、それに合わせるように、少し丁重なアプローチにする。その日における、自分の「第一印象」を最高のかたちで相手に与えるつもりで接していく。

ひと言か二言を交わすうちに、相手のムードもわかってくるので、そこから徐々に相手の心の中へと入っていく。常に、ソフトランディングを心掛けるのである。そうすれば、お互いの心の「襞《ひだ》」までぴったりと噛み合うようになる。きれいな「旧交」の温め方ができる結果になる。そのように人とつきあっていくことができれば、人づきあいの達人という称号を手に入れることができるだろう。

また、時と場合によって、同じ人に対する接し方も異なってくる。普段かなり無遠慮なつきあい方をしている異性の知人であっても、その人の配偶者が一緒にいる場では、少しは改まった口のきき方をしなくてはならない。一歩退いて控えめな姿勢を貫き通す。相手の最も親密な人との間に割り込んで、波風とまではいかないまでも、無用な「さざ波」を立てることのないようにするためだ。

レセプションの席上などで、有名人のところに行って歓談を試みたり、そのように見せかけたりする人がいる。それほど親しくはないにもかかわらず、そうすることによって、ほかの人に自分の「格」をつり上げて見せようとする魂胆である。そのさもしい根性は見え見えなので、逆に自分が三流以下である点を露呈していることになっているのだが、それを本人は知らない。

親しさを演出するのは、それほど親しくはない間柄であると考えて間違いない。本当に親しい者同士であれば、人が大勢いる会場でわざわざ話しこんだりする必要はない。遠くからでも、目と目を合わせたり、ちょっと手を振ったりする程度で、挨拶を交わすことができる。

いずれにしても、人と接するときは、相手の人格を十分に尊重することを忘れない心構えが出発点だ。そのうえに、その人とのつきあいの度合いに応じた親しさを重ね合わせていく。さらに、その場の雰囲気も考慮しなくてはならない。あらゆる要素の間のバランスを取っていく。つかず離れずを基本にして、タイミングよくついたり離れたりするのだ。

一流

人との適切な距離の取り方を心得ている

自己アピール

三流

自分をよく見せようとしすぎる

誰でも自分をよく見せたいと思っている。すなわち、地をそのまま出すことをしないで、少なくともある程度は飾り整えようとする。もちろん、飾るといっても、実際には自分のベストを尽くすことになる。その限度を超えて飾り立てたのでは、それはうそで塗り固めた自己を演出することになり、ルール違反となる。

自分をよく見せようとするのは、自尊心という利己的なにおいのする要素もあるが、同時に、人に不快感を与えないようにとする配慮にも基づいている。すなわち、社交性も重んじているのである。したがって、礼儀正しい自分を演出する結果になり、その観点から見れば、推奨すべきことだ。

普段より身なりをよくしたり言葉遣いを丁重にしたりするのは、人に対する敬意の表明でもあり、正しい行動様式である。だが、話の内容について、うそがあったのでは、相手を錯誤に陥れることになる。

人をだまして金品を奪ったりして、自分が利益を手にしたら、これは詐欺であり、立派な犯罪だ。それと同じように、うそをいって相手を錯誤に陥れて、相手の自分に対する評価を高くしたり、自分の信用力を高めたりしたら、「罪」のにおいがする。

物質的な利益を得てはいないが、精神面では不当に大きな利を手に入れる結果になっている。したがって、そこでは「精神的詐欺罪」のようなものを犯している。金品を奪ってはいないが、人の心の一部を奪っているのであるから、精神的には犯罪者ということができるだろう。

そうなれば、二流とか三流とかではなく、異なった次元に属する人にされてしまう。自分の評価のグレードアップを図ろうとしても、そこに一つでもうそがあったのでは、逆に評価は下がる。不正直は最悪の策であることを悟らなくてはならない。

自分をよくアピールしようとするあまり、プラスになる事実やデータばかりを示すのも、あまり得策とはいえない。確かにうそはいっていないが、自分の一面だけを見せている。人格の判定は、その人の長所だけ見たのではできない。短所も見たうえで、その両者を比較検討したうえで、総合的に判断しなくてはならない。

企業や団体の財務状態を示すのは、貸借対照表である。「資産」の部だけを見て、評価すると間違った結論に到達してしまう。「負債」の部を見ることによって、初めて実態の把握が可能になる。人物評価についても同様だ。負債すなわち短所の部分を見なくては、正当な判断ができない。

面接試験のときなどに、プラスの部分ばかりをアピールさせている傾向がある。それで評価をするのは、危険極まりない。私が企業採用の試験に立ち合ったときは、いつも短所や失敗した例について聞いていた。急に質問されて、とっさの間に自分のマイナスの部分について答えられる人は、まずは信用してよい。

そのマイナスの部分を常に背負いながら、自分を戒めて、プラスの部分を発揮するように努力している姿勢が、かなり鮮明に読み取れるからである。自分をよく知っているという点からも、信用できる人であると評価することが可能だ。

自分の長所ばかり述べ立てる人は、短所を隠そうとしている人である。短所に話が及んでいくのを恐れてもいる。短所のない人はいないので、うそはついていないまでも、不誠実さの要素があると断じざるをえない。

見栄を張るものではない。それは一時的には成功するかもしれない。だが、時間の経過とともにメッキは剥《は》げてくる。そこで、まばらになった表面は汚くて見ていられない。本物でなかったことが暴露されたときは、本人のみならず見る人の気分までも滅入らせてしまう。

長所だけを見せておいたのでは、短所が出てくると、その分だけ人の評価が落ちる。それは少しずつ「引き算」をしていく過程となる。下降気流に乗っていくと判断され、人々も失望感をつのらせていく結果となる。

一方、自分の短所についても表明し、失敗談なども話していけば、その人間的なアプローチに人々は好感を抱く。そのうえに、長所が少しずつでも発揮されていけば、それは「足し算」人生である。それは上昇気流に乗っている様相を呈することになるので、人々の期待も高まっていくはずだ。

一流

自分の失敗談や短所から話していく

思い

三流

気持ちを伝えることをおろそかにしている

私たち古い世代の者は、感情を抑えるのをよしとする教育を受けてきた。痛くても悲しくても泣いてはいけないといわれた。泣き出したりすると、厳しく叱責されるので、さらに悲しくなった。そこで、涙を流していても、「目から汗が出ている」のだと抗弁する子供もいたくらいだ。

嬉しいときは、はしゃいでも許されたが、それも有頂天になって騒ぎ立てたら、たしなめられる状況にあった。分別がつく年齢になると、はしゃぎすぎると、はしたないといって戒められた。

結局は、自分の感情によって左右されるのは、人間として幼稚である、という考え方が根底にあった。理性によって感情をコントロールできることを目指していた。自分自身の感情というエゴを抑制して、ほかの人々、ないしは社会への考慮ができる理性のはたらきを助長するという意味では、別に間違った考え方ではない。

だが、感情は原始的なものであるだけに、人間にとって自然なものである。それを「やみくもに」抑えるのは、人間的ではない。お互いに人間同士であるという考え方のうえに立てば、感情の表現は本来自由にしてよいはずだ。

ただ、昔の日本の教育は、我慢の重要性に重点が置かれていた。自分の我を抑えることによって、人間社会が円満に進行していくことを考えていた。個人よりも団体を優先する考え方である。そこでは、我慢は大いなる美徳の一つであった。

戦後になって欧米文化が浸透してくると、その根幹にある個人主義の芽が、徐々にあちこちで出てきた。個人の感情も抑えるものではなく、発露に任せるものだとする考え方である。もちろん、大きく人の迷惑にならないようにという制約があることには変わりはない。

喜怒哀楽の人間的感情を、そのまま素直に表に出すのであるが、やはり怒や哀などマイナスの感情に関しては、抑え気味にしたほうがよいようだ。喜や楽などプラスの感情に関しては、自分でその感情に浸るだけではなく、それを引き起こしてくれた人に対しても、その内容を伝えるのが人の道に適っている。

感謝の念の表明である。何か楽しかったり嬉しかったりしたときは、そこで誰かの恩恵を被っているのではないかと考えてみる。直接の原因になっている人もあれば、間接的に寄与してくれている人もある。その人たちに自分の感情とそれに対する感謝の気持ちを伝えるのである。

簡単なことであり、人間としても自然な感情の流れであるのだが、それができない人も少なくない。毎日のことであったり、人がそうしてくれるのが当然であると思っていたりするからである。慣れてしまって、恩恵の有り難みを感じる能力が衰えている。それは人間としての品格が下がっていることである。

さらに、恩恵を与えた側の立場になってみると、何らの反応もなかったのでは、自分のしたことに価値がなかったのではないかとも考える。そのようなことが何度も繰り返されると、やる気も徐々に喪失してくるかもしれない。

意義のあることをしたら、何か見返りを期待するのは、凡人の常である。その見返りは金品である必要はない。精神的なプラスの反応、すなわち感謝の気持ちの表明でも十分だ。「有難う」という言葉を発するには、一瞬に近い時間と、ちょっとしたエネルギーしか必要としない。それを常に口にする習慣をつけるのだ。

人が何かをするのが義務であり、それをしてもらう権利が自分にあるときは、当然だと思って感謝の気持ちを表明しない傾向がある。それは人間社会という、人間同士の気持ちを通い合わせることを重視する集団の一員としては失格である。三流以下であることは間違いない。

サービス業の人にサービスを受けたとき、部下が仕事をしてくれたとき、家族が食事をつくってくれたときなど、人が何かをしてくれたときは、必ず感謝の言葉を口に出していうのだ。「いつも心の中では感謝している」などというのは、怠惰で二流の人がいう台詞である。

自分の感謝の気持ちは、その都度、丁寧に相手に伝えるのが原則だ。それを励行《れいこう》している人は、豊かな人間関係を日々築き上げ充実させていっている人である。

一流

感謝の念を、その都度きちんと伝える

第３章

一流の金の使い方、三流どまりの金の使い方

金銭感覚

三流　とにかくケチ、とにかく浪費家

金の重要性については、誰も異論を差しはさむ余地はない。命という、最も大切なものの重要度は別格だが、その命も、金がなかったら、存続が危くなることも、紛れもない現実である。

生きていくために必要なものは、ほとんど金によって調達していかなくてはならない。現在の社会の仕組みにおいては、自給自足は例外的であって、金と物との交換が基本となっている。そこでは、金は「必需品」であり、その万能性は広範にわたっている。金があれば、かなり多くの「もの」や「こと」が手に入るのである。

そこで、金に焦点を当てて大切にしすぎるあまり、ほかのものやことが目に入らなくなる傾向が生じるので、注意を要する。金は生きていくための「手段」の一つであるにもか

かわらず、金を手に入れることが、人生における「目的」であると考え違いをする危険性があるのだ。

まず、金は最終的には使うために必要である点を、明確に認識しておかなくてはならない。自分の必要性や欲を満たすために、手に入れておく必要があるのだ。将来において使うために貯めるのであるが、そこに重点を置きすぎると、現在において必要なものに対しても使おうとしなくなる。

金に関しては、手に入れることと貯めておくこと、それに使うこととの間で、しかも現在と将来を視点に置いて、バランスを取っていかなくてはならない。金を上手に使うことに重点を置いて考えていく。金を「生かす」という考え方がポイントとなる。

その点について間違った考え方をすると、金に振り回される人生にもなりかねない。金は大切に扱わなくてはならないが、崇《あが》め奉《たてまつ》るものではない。ときには、腹心の手下のごとくにこき使うことも必要だ。人から非難されたり人に迷惑を掛けたりしない限りは、自分の人生を物心両面において豊かにするために利用するのである。

人にケチといわれる人がいる。持っている金と使う金とのバランスが大きく崩れている人である。目先の自分のために必要不可欠な場合以外には、使おうとしない。自分が支払いをしなくてはならない羽目にならないようにと努力する。支払いをする義務があるような場合でも出費を拒む人には、ケチの上にドの字がつく。

ケチは金の使い方が利己的なので、非難めいた評価をされるのである。したがって、たとえ大金持ちであって浪費家であっても、ケチはケチといわれる。人との交流に対して金を上手に使う術を知らない。

「金は三欠《か》くにたまる」という諺がある。義理と人情と交際の三つを欠く生き方に徹すれば、金はすぐに貯まるというのだ。すなわち、人間関係を無視すれば、金を使わなくてすむ部分が多くなる。ケチといわれる人たちは、大体このカテゴリーに属している。

金をたくさん持っている人の中には、「自分はケチだ」と公表してはばからない人がいる。だが、こういう人は、金を惜しんで出さないのではない。無駄な出費はしないとか、くだらないものに金は使わないとかいう主義の人である。自分が賛同できなかったり疑問を抱いたりする寄付はしないとする決意表明でもあり、そのための予防線を張っているのだ。

人とのつきあいも大切にするが、それに引きずられて自分の主義主張を曲げて、自分自身を見失ってしまうことを恐れている。したがって、意気に感じたときなどは、惜しげもなく金を出している。タイミングよく皆に椀飯振舞《おうばんぶるまい》をする場合も頻繁である。また、人が無駄な金の使い方をすることも嫌がる。要するに、効果的な金の使い方を目指している人なのだ。

真性ケチは、他人の浪費に対しては反対しない。逆に、その浪費を歓迎し煽って、そのおこぼれにあたろうとさえする。自分の利を図るに敏な人なのである。俗にいう「ただ酒」はたらふく飲むが、自腹を切ってとなると、水しか飲まない人である。

浪費家は、金をはじめとして何でも無駄に使う人であるから、ものの価値を正しく認識していない。ものの目的に沿った、効果的な使い方を知らない人だ。その点においては、真性ケチと浪費家とは似ている。金銭感覚に優れている人は、自分の金であれ人の金であれ、無駄なく上手に使う。

ただ酒の飲み方を見れば、ケチや浪費家か、正しい金銭感覚の持ち主かが、すぐにわかる。

一流

金を効果的に使う術を知っている

貸し借り

三流

金の貸し借りにルーズ

善と悪の二元論から考えると、金を借りるのは悪である。後で返すという条件の下にではあるが、人の金を一時的ではあれ、自分のものとして自分のために使うのである。必要性の有無にかかわらず、またその理由の如何を問わず、自分勝手な行為にほかならないからだ。

返すとはいっていても、借りた時点では使ってしまうので、その金はなくなる。そこで、貸した側としては、返してもらう保証がまったく見えなくなり、不安感は増大するばかりである。金銭的にも精神的にも人に迷惑を掛けるのであるから、よいことでないことは明らかだ。

したがって、金を貸したり借りたりすると、その当事者の人間関係は微妙に変化してくる。関係は金で結ばれた分だけ深くなるが、心情的には緊密さに対して多少の「ひび」らしきものが入ってきたとしても、不思議ではない。「金を貸せば友を失う」といわれているが、その理由も納得できる所以である。

友人が困っていたら、助けようとするのが人情だ。助けることに対して反対給付を求めるのであれば、友人同士ではない。だが、金を貸すという手助けに対しては、返済という「反対給付」が伴わなくてはならない。そこで、友人関係の内容に変質を来す。極端ないい方をすれば、貸し主と借り主、すなわち債権者と債務者という対立関係になってしまうのだ。

友人同士の場合に限らず、人間関係を従来どおり良好に保っていこうと思ったら、金の貸し借りはするべきではない。生命にかかわるような緊急事態であって、真摯に助けようとする気持ちがあるときは、貸すのではなくて「与える」つもりで用立てる。返してもらう気持ちがある限りは、債権者の立場に立たざるをえなくなるからである。

余裕資金もないのに貸したら、返金がなされない場合は、自分までも駄目になってしまう。「心中」を遂げるにも等しい行為となり、友人も自分も損をする。自分だけでも生き長らえていたら、後になって友人を助ける機会も生じる。目先の感情論に走って人を助けるのは、賢明な選択とはいえない。

日常生活の中で、気軽に友人から金を借りる人がいる。少額であるから、いわれるままに貸してしまう。また、立て替えておいてくれ、などという場合もある。一緒にタクシーに乗ったりお茶を飲んだりして、細かいのを持ち合わせていないなどという理由である。そういうことを軽々しくいう人は、金にルーズな人だ。

「立て替えておいて」とはいうが、それは相手の支払いを促す言葉であって、「支払ってくれ」と同義に考えている。その後できるだけ早い機会に金を崩して清算しようとしない人には、返金しようとする気はない。立て替えた人としては、少額なので返済を催促するのも気が引ける。そこで、借金を踏み倒されてしまう結果になる。

少額の金を軽々しく借りる人は、それが癖になっている。その都度うまいことをいって、いろいろな人から少額の金を借りて返そうとしないのであるから、寸借詐欺の常習犯という汚名を着せられても仕方がないであろう。

貸し借りをするだけでも、よいことではない。借りた金を返さないというのは、単なる悪ではなく罪を犯すことである。極論をいえば、金を貸せば相手が返してこないことも予想される。すなわち、罪を犯す結果になる可能性もあるので、「犯罪」を誘発する機会を与えるにも等しい行為となる。

金は自分が汗水たらして稼いで手に入れてから使うものだ。人から金を借り、すなわち人の金を使おうとするのは、人間社会の公正という道理に反している。緊急事態でない限りは、貸し借りはするべきでない。資本主義が主導権を握っている、現在のビジネス社会においては、金の貸し借りが当然のごとくに行われている。それを否定すれば、多くの経済行為が行き詰まってくる。

しかしながら、人間社会の原則を忘れてはいけない。お互いに助け合わなくてはならないが、人を助けるときは「反対給付」を期待しないでするというのが、人間社会を円満に維持していくために必要な考え方である。金の貸し借りは、当事者を強者と弱者に分けてしまう可能性がある。したがって、親しい間柄であればあるほど、避けたほうがよい。夫婦間で金銭の貸借という考え方があるときは、一心同体でないことが明らかである。

一流 親しい者同士では金の貸し借りをしない

適正な判断基準

三流

適正価格がわかっていない

レストランでコース料理を食べようとするときに、いくつかのコースがあれば、どれを選ぶか。家族同士であれば、安上がりを考えて、最も安いものを選ぶかもしれない。親友同士で割り勘にするときは、そのときの雰囲気やお互いの懐具合によって、率直な意見を交わして決める。中くらいの価格のものに統一する場合もあるし、それぞれ自分勝手に選ぶようにする場合もある。

人を接待する場であったら、まずは最も安いコースにすることはない。相手の地位や、自分と相手との関係によって、選ぶものが異なってくる。料理の内容も重要であるが、それ以上に値段が選択をする際の重要な判断基準になる。

相手が最重要に位置する顧客であったり、このうえない恩義のある人であったりするときは、最も高価なコースをすすめる。それに対して相手は、高価なものは量的にも多いからなどといって、中くらいの価格のものにしようと提案したりする。

接待するときの出費の金額によって、厚誼《こうぎ》を願ったり感謝したりする気持ちの強さを示している。したがって、本当においしい料理を出してくれるからといっても、場末の居酒屋には連れて行かない。店の中の雰囲気も問題になるが、それだけではなく、店の格によって相手の人の格を示すことにもなるからである。

このように、金も使い方によっては、気持ちを表現するための、有用な物指しとなるのだ。しかし、金は万能な物指しではなく、物指しの一つにすぎないことを忘れてはならない。値段が高ければすべてよいものとは限らないし、金に対する価値観も人によって異なっているからである。

「安かろう悪かろう」というのは常識である。したがって、「高かろうよかろう」ともいえる。一般的には、品質と価格は比例しているが、限度を超えると「累進的」に比例もするので、注意を要する。

有名ブランドの商品は、そのよい例である。人々の評判や人気によって、価値が上がったような錯覚が生じている。特定の人たちの執念が結晶作用を起こして、大きく価値を押し上げている。

高額であれば大勢の人の手には入らないので、その点において希少価値が生じたかたちにもなっている。さらに、いつでもいくらでも製造できるにもかかわらず、売り出す期間や数量を「限定」することによって、さらに希少価値を煽り立てる。その流れの中に取り込まれた人たちは、冷静な目から見ると、商人の餌食になっているとしか映らない。

いわゆる一流の商品を身につけているが、適正価格という点に無知であるように見えるので、その人自身の一流度には疑問を抱かざるをえない。

もちろん、ブランド商品の品質は一定の基準以上を保っているものが多い。しかし、金額に見合うだけの価値があるかどうかが問題なのである。本来の価値よりも「付加価値」のほうが大きいのではないか。付加というのは付け加えるのであって、元のものに対しては「従」の位置にあるはずだ。

本来の価値は必要不可欠のものに対する評価である。付加は余分なものであるから、人によっては必要としない。製造したり販売したりする業者が、不必要なものをくっつけて無理やり「抱き合わせ販売」をしているという構図にもなっている。

もちろん、ファッションの観点からは、付加された、いわば架空のものに対して、自分の夢をぶつけて浮かれてみるのも、時には必要であるし楽しいことでもある。そのような「遊び心」に基づいたものであればよい。本気になって、付加価値に大いなる価値があると思っていなければよいのだ。

　また、新聞や雑誌、それにテレビやラジオなどのマスメディアにおいて好意的に報じられると、よいものであると信じ込む傾向が見られる。それでは、軽佻《けいちょう》浮薄《ふはく》のそしりを免れることはできず、一流の品格には程遠くなってしまう。自分自身の目で見、耳で聴き、鼻で嗅ぎ、舌で味わい、手で触ってみたうえで、その自分の能力を信じて、良否の判断をする必要がある。

　人が嫌いだといっても自分が好きなものはある。逆に、人が好きだといっても自分が嫌なものもある。自分にとって価値があるものに価値があるとする、自分の判断力を信じることのできる人が、価値ある人である。

一流 ものの価値に対する、自分自身の判断基準がある

与える

三流

与えるイコール損をすることと思っている

私たちが社会人になったころは、終戦後の混乱期から少しずつ脱して、経済的にも豊かになり始めていた。だが、まだ食べたいだけは食べられなく、ましてや酒が飲みたいだけ飲めるという状況ではなかった。したがって、食事をご馳走してもらったり酒を飲ませてもらったりすると、その有り難みにはいい知れないものがあった。

会社の上司で、たとえ簡単な昼食であってもご馳走してくれたり、終業後に安い酒場に連れて行ってくれたりする人がいると、いい人だと考え全幅の信頼を寄せる結果になっていた。飲食をあてがわれるのは、動物が餌をもらって飼い馴らされるのにも似ていた。餌付けをされたようなものだ。

したがって、その上司の指示に対しては、指示の仕方や内容に疑問があった場合でも、小社の本をお読みくださいまして、まことにありがとうございます。今後の刊行物の参考にさせていただきますので、アンケートにご協力お願いいたします。なお、ご提供いただきました個人情報は、弊社からの各種案内に使用させていただく場合がございます。

フリガナ
ご氏名　　　　　男　女　　　年　　月　　日生　　歳

ご職業　1 会社員（管理職・営業・事務職・技術職・その他）　2 公務員　3 教育職
4 医療・福祉（医師・看護師・その他）　5 会社経営者　6 自営業
7 マスコミ関係　8 主婦　9 学生（小・中・高・大・その他）
10 フリーター　11 その他（　　　　　　　　　　　　）

フリガナ
ご住所　〒

TEL　（　　）　　　FAX　（　　）

e-mail　　　　@

本書をお求めになった動機はなんですか？

1　書店でタイトルにひかれたから　2　書店でデザインが気に入ったから
3　内容がよかったから　4　著者のファンだから
5　新聞・雑誌で紹介されていたから（誌名　　　　　　　　）
6　テレビ・ラジオで紹介されていたから（番組名　　　　　　　　）
7　人から薦められて
8　その他（　　　　　　　　　　　　）

本書に対する感想を、それぞれひとつずつお選びください。

テーマ――　1 とても満足　2 満足　3 普通　4 よくない
お役立ち度――　1 とても満足　2 満足　3 普通　4 よくない
タイトル――　1 よい　2 普通　3 よくない
デザイン・イラスト――　1 よい　2 普通　3 よくない
定価――　1 高い　2 ちょうどいい　3 安い

この本をお読みになってのご意見・ご感想をお聞かせください。

ふだん、どのような人のどのような本（マンガ）を読んでいますか？

今後、どのようなテーマ・内容の本をお読みになりたいですか？

郵便はがき

料金受取人払

赤坂局承認

9280

差出有効期間
平成20年8月
2日まで

107-8790

111

東京都港区赤坂1-9-3
日本自転車会館3号館
ゴマブックス株式会社
愛読者係　行

●書籍名

●お買い上げいただいた書店

都道　　区市
府県　　郡町

書店名

すぐに従っていた。心の奥底では恩義を感じていて、それに報いようとしていたのだ。人間の感情とは、結局はそのように相互的なものだ。何かをしてもらったら、その人のために自分のできることを何かしようとする。

もちろん、何か具体的なことをさせようとする明確な意図があって、何かしてやるとか与えるとかするのは、人の道に反する。恩を売ろうとする行為であって、その計算された故意がいやらしいからである。その意図がエスカレートしていくと、贈賄《ぞうわい》にも似た様相を呈してくる。恩恵を与えておいて、それと引き換えに、自分の利になることを無理やりさせようとするからだ。

恩は売るものでも着せるものでもない。相手が好意を感じ取って、心の中で温め大切にしておくものである。恩義を感じさせようとする気持ちがあったのでは、相手の心との交流は望めない。

人にご馳走をして、相手から何も期待しないといったら、うそになる。純粋な好意から出た行為であるが、少なくとも「喜ぶ顔が見たい」と思うくらいの欲はある。したがって、おごってもらった側としても、自分が喜んでいることは率直に表現する。それは、マナー上からも必要である。

ビジネスの世界で働いていると、徐々に「奉仕」という精神を忘れてしまう。どのようなことをしても、何らかの利になる結果が出なければいけない、と考える。特に、金を支払う場合は、それに対して見返りを期待する。常に、達成すべき具体的な目標が存在するのである。

ギブ・アンド・テークの世界である。人に与えるだけで自分に得るところがなかったら、ビジネスが成り立たない。したがって、人が何かを与えてくれようとすると、後で何かを取られるのではないかと考え、警戒するようになる。利益社会の中における、悲しい習性である。ビジネスでは計算が重要であるから、仕方のないことではあるが。

人間関係の視点に立てば、ギブ・ピリオド、すなわち「与えるだけ」という考え方が必要だ。結果として、ギブ・アンド・ビーギブン、すなわち「与えたら与えられた」ということになれば、運がよかったと考えるとよい。実際には、多くの場合にそのような結果になってくる。

「情けは人の為ならず」である。人のために何かをすれば、その相手のためになるだけではなく、回り回って自分自身のためになってくる。相手としては「お返し」として直接に何かをすることがなくても、そのときの嬉しかった気持ちが心の糧となって、同じようなことをほかの人にしようとする。それが次々と連鎖反応を起こして、社会の中を駆け巡ることになる。

その良循環が、たとえ自分の生存中に自分のところまで回ってこなかったとしてもよい。

たとえ小さなことであれ、人に何かを与えたり、してあげたりしたことで、人が喜んでくれている。そのことを思えば、自分自身の気持ちが豊かになる。

人のために金を払えば、それだけ自分の財布は軽くなる。金銭的には出費となるが、精神的には豊かさが醸成されて、心も浮き浮きとして軽くなる。よいことをすれば、自分自身の中では、よいことが必ず即座に起こるのである。ビジネスの考え方に従って計算したとしても損はしない。

「させていただく」という表現方法がある。昨今は慇懃無礼に乱用されている気配があるが、心から謙虚な気持ちを堅持しながら、人のためにすれば、必ず相手の心を打つようなことができる。

一流　人によいことをすれば自分のためになることを知っている

金とのつきあいかた

三流
元を取ろうと思うのが見え見え

あるヨーロッパの国に関係する親睦団体がある。その国と日本との文化交流を通じて、相互を理解したうえで、親善の度合いを高めようとするのが、会の趣旨になっている。私も会員になっていたことがあるが、つまらなくなったので退会してしまった。

会の趣旨に即した、内容のある催しもなくなり、形骸化してしまった様相を呈してきていた。それに、集まってくる人たちの紳士淑女気取りも鼻につくようになっていた。会合の場で会えば会話になるのはよいのだが、ほとんどが過去の話である。

自分が何をしてきたかを話したうえで、それに畳みかけて、人が何をしてきたかとか何をしているのかとかを聞いてくる。会話の端々に過去の栄光がちりばめられていると、その自慢めいた話に辟易《へきえき》する思いをしていた。それほどの年輩の人ではなくても、現在よりは過去のほうが華々しかった様子がうかがわれた。いわば没落貴族、というほどの身分もなかった人たちであるが、凋落した人の繰り言を聞く思いがして、嫌だった。

年に一回の総会があり、それ以外の会合のほとんどは会費制であり、街のあちこちで一般に公開されている催し物と大差はない。したがって、まったく参加する気にはならないものばかりだ。その総会の後が立食パーティーになるのであるが、そこで繰り広げられる様相は見るに耐えなかった。料理は少しずつテーブルに並べられるので、そこへどっと人が押し寄せる。またたく間になくなってしまうので、遠くで見ていたら、どのような料理が出されたのかもわからないくらいだ。

下司の勘繰りだといわれるかもしれないが、年会費の元を取ろうとしているとしか思えない。会話もそこそこにして、食べるほうへと突進しようとする気配りの人さえ見られた。身なりを見る限りでは、立派な紳士淑女のようであるが、その振る舞いは餓鬼にも似たところがあった。三流以下の会としかいえないようになっていた。

正真正銘の紳士淑女の立食パーティーでは、グラスを手にしながら、芸術文化を中心とした話題に花を咲かせて、和やかな雰囲気に終始するのが本来の姿だ。給仕役の人がプレートに載せて持ち歩くオードブル風の食べ物を、時折一つか二つ口にする程度である。自分から食べ物を求めて走り回るなどというのは、もってのほかの行為である。

一般的に、レセプションやパーティーが立食形式の場合は、食べることは考えないで、飲み物も程々にして会話を楽しむことに徹する。それが、品よく振る舞うための大原則である。そもそも、食べたり飲んだりするのは、極めて「動物的」な行為であるから、それだけ人間としての外見上の威厳が損なわれることには、疑いがない。食事は会合が終わってから、家に帰るなりレストランに行くなりして、座ってゆっくり食べるようにする。

たとえ、会費制のパーティーであっても、祝い事とか何かの記念とかの会合であれば、飲み食いをして支払った会費の分の元を取ろうなどと考えるべきではない。その趣旨に自分も賛同する気持ちを持ち続けていれば、飲み食いに集中するなどという、はしたない真似はするはずがない。

会費は自分の飲食のための費用ではなく、人とつきあうために必要な経費である、と考えてみるのだ。そうすれば、つきあいを維持したり広げていくことに重点をおいて、人と接し合うようになる。豊かな人間関係を築き上げる結果になれば、そのほうが生きた金の使い方になる。

目先の料理や酒に目を奪われ心を揺さぶられて、自分の将来の道を切り開く端緒になるかもしれない機会を失ってはならない。支払った金の元を、その場ですぐに取ろうとするから、よくない。もしかしたら将来のどこかの時点で、自分に利益がもたらされるかもしれない、と考えてみる。

投資をする考え方である。投資は元も子もなくする可能性がある。だが、多くの投資をしておけば、その中のいくつかは実るかもしれない。当たる確率の低い宝くじでも、高額賞金が手に入ることもある。いつも駄目な結果になっても、当たるかも知れないと夢を見ているだけでも、心に多少の豊かさが湧き出てくる。

金の使い方、すなわち金とのつきあい方も鷹揚《おうよう》にしなくてはならない。目先の損得にこだわっていると、セコイ振る舞いとなって、品格を落としてしまう結果になる。

一流

視点を将来に置いて鷹揚に構える

金銭管理

三流 金の管理が雑

宝くじで想像を絶する当選金が当たったり、思いがけない遺産相続をしたりして、一挙に大金持ちになったという話が、時折伝えられる。皆が羨《うらや》ましく思って、自分にもそのようなことが起こらないだろうかと、はかない望みを抱く。凡人の性《さが》であり、自然な感情でもある。

そのような幸運に見舞われた人の後日談が伝えられることがある。大金持ちになって、さぞや幸せな人生を送っているであろうと思うが、意外にも不幸せな結果になっている。大金を持ったことがないので、大金の使い方を知らなかったためである場合が多い。

なけなしの金を使っていた昔は、大切に使う術を知っていた。下手に使ったら日々の生活にも困ることになるので、慎重にも慎重を重ねて、使った結果がどうなるかまで考えていた。ところが、大金が手に入ったので、気が大きくなった。少しぐらいは、たとえ無駄遣いをしても差し支えないだろう、と気が緩むのである。だが、それが習い性となると、歯止めがきかなくなる。すると、小さな無駄遣いという流れも大河となるのは時間の問題だ。

小金の管理には優れていても、大金の管理には慣れていなくて、それができる器ではなかったのだ。大金を持っていることがわかれば、そのおこぼれに与ろうとしたり、何とかして使わせようとしたりして、人が寄ってくる。それを、人の好意と勘違いして、騙される結果になる場合もある。

金の管理がきちんとできなかったばかりに、元の木阿弥になったのである。否、それはよいほうで、以前にはあった平和や、ささやかな幸せまでも失うという、最悪の事態に直面する人さえいる。もちろん、ニュースになって伝わってくる話であるから、実際には例外的な話であるのかもしれないが。

以上は極端な例であるが、それに近いことをしている人は身近にも大勢いる。少し余分の金が入ったからとか、現在のところだけであれ懐が温かいからとかの理由で、すぐに自分の欲に任せてそれを使おうとする人である。

現時点では使える金であっても、使ってしまえば、将来に必要となる支払いに対して対応できなくなる。ずさんな金遣いをする経営者によく見られるパターンである。商品を売って得た金はすべて自分が使えるものであると考えている節がある。そこから原価や経費に当てる部分を引いたものが、自分たちの金であるという、単純な論理も頭に入っていないのではないか、と思われるような金の使い方をしている。

また、株などで大儲けをしたので、お大尽遊びをしようとするのも、金の価値に対する認識が甘すぎる。営々と汗水たらして稼いだ金も濡れ手で粟同然に入ってきた金も、同じ金額の金にはまったく同じ価値がある。金が手に入った経緯や経路によって、その有り難みは異なっている。だが、それによって金の使い方が慎重になったりいい加減になったりして、左右されることがあってはならない。

金に色はついていない。少なくとも使うとき、すなわち使用価値については、金の価値を判断する基準はその金額でしかないことを肝に銘じておく。それが、金を大切に扱うための出発点である。

また、金が十分にあるときは、少額の金を軽く見る傾向がある。だが、多額の金よりも使用する範囲が限定されるだけであって、価値の単位は小さいが、価値があることには変わりない。必要な金額の一割を欠く金の持ち合わせしかなかったために、買いたいものが手に入らないことも起こる。「一円を笑う者は一円に泣く」といわれている所以だ。

いずれにしても、金の管理をきちんとするためには、「在庫」の金に、入ってくる金と出て行く金を重ね合わせて考えていかなくてはならない。消費者金融企業の宣伝文句にもあるように、「収入と支出のバランス」を上手に取っていく必要がある。金を貸すのを業としている企業は、借りることを収入の一部に位置づけているようであるが、それは返済という支出が必ず伴うものだ。本来の健全な財政には、借金という項目が入り込む余地はない。したがって、自家撞着《じかどうちゃく》のにおいのする宣伝文句ではある。

金銭管理は健全という原則に従って坦々としていくものだ。入ってくる金額が大きく変化したときや、大きな支出が必要となったときにも、その姿勢を変えてはならない。必要なものやことに対して、必要なだけ使うのだ。自分の欲だけに左右されてはならない。

一流

金の使用価値を考えて大切に扱う

投資

三流

目先の投資収益しか考えない

投資というのは、現在の時点において資金を投入することによって、将来の時点において、その結果としての利益を享受しようとするものである。金を支出するときと、金を受け取るときとが、かけ離れている点が特徴的であり、その間において、金自体が一所懸命にはたらいて利益を生み出してくれる結果になっている。

通常の商品やサービスの売買のときは、金は単なる交換の手段になっている。したがって、金の果たす役割もその場で終了してしまう。その売買によって得をしたか損をしたかについても、一応はすぐに判断がつく。もちろん、商品を使っているうちに、またはサービスの効果が後になって現れたりして、思いのほかよかったり悪かったりする結果になることもあるが。

投資の場合は長期戦である。したがって、現在の流れを正確に把握したうえで、将来の可能性を見極めるという洞察力を必要とする。だが実際には、未来を正確に予知することは不可能である。一寸先は闇というのが現実だ。そこで、運を天に任せる部分があることを否定することはできない。

その点に、投資がばくちであるといわざるをえない理由がある。ばくちの要素が大きいことを考えれば、全損になることも覚悟しなくてはならない。そこで、堅実を旨とする人たちは、金が金を生む投資には、一切手を出さないのである。

人にいわれるままに投資をする人は、投資の意義や仕組みについて、まったくわかっていない。自分自身で考えてみようともしないので、危険なことこのうえない。運を「天」に任せるのであれば、まだ天にはエゴイズムもないし、自然という大きな調和の要因がはたらく部分もある。

ところが、「人」に任せたのでは、自分にとっては大いに不利となる結果もありうる。人にはエゴイズムの要素が多く、全体の調和を図るなどという能力を期待するのは現実的とはいえないからである。このような投資家は三流として位置づけざるをえないだろう。

自分自身で考えて投資をする人は、一応は自分でできる限りのことはしている。「人事を尽くして天命を待つ」という姿勢である。だが、その中にも二通りのタイプがある。第一は性急に利益を確保しようとする人だ。もちろん、先にいけばいくほど大きな収益が予想される場合でも、その不確実性も同じように高くなっていく。やはり、できるだけ早く確実に手に入れようとするのは、極めて自然な考え方である。

しかしながら、投資を受けた側から考えると、現在のような激動の時代にあっては、多くの紆余曲折もあるので、長い目で見てほしい。短期的に収益を出すことを主眼におけば、大きな発展が望めない場合が多い。

株式投資について考えてみる。以前は、会社の発展を支援したり見守ったりして、会社が大きく成長するのを楽しみにしていた。その結果、株式の価値が上がっていくことで報われていた。ところが、欧米流の考え方が入ってくると、株主への配当が重視される流れになってきた。

将来に視点を置いた発展を図っている中で、年単位の配当を株主が満足するようにしようと思ったら、どこかで数字合わせをする必要も生じてくる。それは健全な成長を阻むと同時に、株主を欺く結果にもなりかねない。「慌てる乞食はもらいが少ない」のである。このような投資の姿勢の人は、二流の域から脱出することはできない。

一流の投資家は、常に長期的な視点に立っている。人間の場合と同様で、いったん協力すると決めた以上は、成長を見守る姿勢に終始して、途中でとやかく口を差しはさんだりはしない。自分の選択し判断する能力に自信を持っているからでもある。

また、同じ投資をするにしても、単に金銭の収益が大きいものを狙うだけではなく、人間社会全体の平和や福祉に大きく寄与する結果になるものに焦点を当てている。社会がよくなれば、その一員である自分にも大きな「利」がもたらされる。それは、自分自身に対する投資という意義が大きい結果にもなる。

さらに、そのような投資をすることによって、経済的にのみならず人格的にも勉強をして自分を磨くことになれば、それによる利益の大きさは計り知れないものとなろう。一石二鳥を手に入れる、極めて効果的な投資姿勢である。

一流 自分の幸せを目指した投資をする

使い道

三流

自分のためにしか使わない

金は社会の中で生きていくために、まず自分のために使うのが大原則である。自分が扶養したり面倒を見たりする義務がある家族のために使うのは、自分のためというカテゴリーに属する。だが、家族と自分自身とをかなりの程度に峻別《しゅんべつ》している人たちも、時には見受けられる。

自分は着飾ったり美食をしたりしていても、子供には、贅沢をさせるのはよくないという口実の下に、多少ではあるが不自由な思いをさせている親もいる。寿司を食べるときに、高級なネタのものは自分だけが食べて、子供には、身体に悪いからといって食べさせないのだ、と話していた人がいる。

子供は、安いものばかり食べていても喜んでいる、といったときの、卑屈な笑いを浮かべた顔は、今でも覚えている。子供が大きくなったとき、親がうそをついていたことがわかるはずだ。自分を騙した親に対して、どのような感情を抱くだろうかと考えると、慄然《りつぜん》とする。

親であれば、子供と一緒に同じものを食べようとするのが普通だ。予算が限られていたら、子どものほうによいものを食べさせて、自分は我慢しようとする。子供が喜ぶ顔を見るほうが、ずっと楽しいいし、自分自身も安心するからである。それは義務感からではなく、愛情に基づいた、極めて自然な行為だ。それよりも自分自身の欲を優先させる人は、人生を楽しむ術も知らない人である。

人のために金を使うときも、その使い方によっては自分のためにしか考えていない結果になることがある。たとえば、土産を買って帰ってくるような場合だ。自分は豪勢な旅行をしていたにもかかわらず、目上の人に子供だましのようなものを買ってきて渡す。訪ねた土地独特の品であるかもしれないが、あまりにも安い物は、差し上げる相手に対して失礼になる。やはり、相手の地位や立場、それに相手と自分との関係などを考慮に入れたうえで、それらにふさわしいものでなくてはならない。

単に土産を買って帰りましたよ、というメッセージを伝えるだけの形式的なものになれば、逆効果である。人を馬鹿にしているといって憤慨する人がいたとしても、あながち責めるわけにはいかない。「安物買いの銭失い」といわれているが、金を失ったのと同じ結果になるだけではなく、「信用」までも失ってしまう。結局は、自分のためにもならない。

金を自分のためにしか使わないという人は、多くの経営者の中に見ることができる。従業員には安い給与を支払っているが、自分たちだけは高給を取ったうえに、さまざまな便宜手段を講じたり付加的な特典が手に入るようにしたりしている。

一流企業の一流経営者であるといわれているが、自分のことしか考えていないので、人格の観点からは一流とはいい難い。もちろん、先頭に立って突き進んでいく勇気と決断力は賞賛されるべきであるが、従業員の一人ひとりが結果を固めて、粉骨砕身《ふんこつさいしん》努力しなくては企業の隆盛はない。

その成果を公平に分配するという配慮がなくてはならない。上の人たちと下の人たちとの間にある差が大きすぎる場合が問題となる。人の上に立つ者としては、上には薄く下には厚くと考えるくらいでないと、客観的に見た公正を実現することは難しい。

自分が正当に手に入れた金を、大義のために寄付したり社会福祉のために有効利用したりするのは、賞賛すべき立派な行為である。ただ、自分が先頭に立って人の耳目《じもく》を引くようなかたちでする場合には、ちょっとした疑問が生じる。

同じ人を喜ばせる、金の使い方であっても、それが売名行為ではないかと疑われるからである。金持ちに対しては、人々はあこがれると同時に、その裏では妬みの気持ちを抱いている。そこから、純粋な気持ちからの寄付であっても、疑いの目が向けられるのだ。

それを避けるためには、匿名にするのが最も効果的な方法である。そこには、社会的には「自分のため」という要素が、まったく存在しないからだ。無私の慈善行為であるから、一〇〇パーセント「人のため」に使われているのが明らかである。また、名前を出すにしても、普段の言動が謙虚な姿勢に徹していれば、その真摯な思いを疑う人はいない。すなわち、自分で築き上げてきた人格の高低によって、人々の評価が決まってくるのである。

一流

人を喜ばせるために使う

第４章

一流の身だしなみ、三流どまりの身だしなみ

美意識

三流　その場逃れで取りつくろう

人と会うときは、誰でも何を着ていこうかと、多少の程度の違いはあれ、真剣に考える。自分をできるだけよく見せようとしているのである。身なりによって、人間としての格について、大まかではあるが一応の判断をされるからだ。

初対面の相手に対しては、特別に気を使って、立派な服装となるように心掛ける。第一印象が極めて重要であるが、中でも真っ先に目に入るのは姿かたちであるから、そこに重点を置いて考える。

人間は外見ではなく中身である、などとよくいうが、外見と中身とを比較すると、中身のほうが重要だという意味であるにすぎない。長いつきあいになれば、外見というメッキは剥げてくる。そこで、外見は信用できないということになるのだ。

しかしながら、外見をよくするというのは、必ずしも自分の欠点を隠すという、利己的な意味だけではない。相手に対して不快感を与えないようにする心遣いの表れでもある。着ているものによって、その場の雰囲気が明るくなったり暗くなったりする。身なりは自分のためだけではなく、人のためでもあるのだ。

「馬子《まご》にも衣装」といわれているように、身なりをきちんとすれば、どんな人でも立派な人物に見える。逆に、身なりが汚かったりだらしなかったりすれば、立派な人でもつまらない人に見える。外見も「身の内」と心得て、常に整えておくことが重要だ。忙しいからなどといって、おろそかにすることは決してあってはならない。

ただ、表だけ飾ることに集中していると、自分の心構えとの間に食い違いを来す危険性があるので、注意を要する。中から整えていくことを考えなくてはならない。すなわち、まず精神の統一を図り心をきれいにしたうえで、身体を洗って清める。そこへ清潔な下着をつけてから、上に着るものを重ねていく。その過程を追っていく作業を怠ったら、自信を持って人前に押し出すことのできる「自分」は出来上がらない。

そのような内なる積み重ねがなかったら、少なくとも心密かには引け目を感じるはずなので、胸を張って人と相対することはできない。それは、心のほころびである。たとえば、上着の裏に、少しでもほころびがあったら、それは常に気になる。何かの拍子に上着を脱ぐ羽目になったら困る、と思っている。その気持ちは、一〇〇パーセント前向きに進もうとする意欲を阻む結果になっている。

突如として、ステージの上に立たされて、スポットライトを浴びせかけられても、臆することのないようにしておくのである。そのうえで、身ぐるみ剥がれても平気である、というくらいの自信がなくてはならない。

昔の話であるが、特に女性の場合は、常に清潔な下着をつけていなくてはならない、と厳しく教えられていた。外で事故に遭ったときや病気になったときに、下着までも人の目にさらさなくてはならない事態に、いつ遭遇するかもしれないから、という理由もつけ加えられていた。

「健全なる精神は健全なる身体に宿る」といわれているのと同じように、清浄無垢な心は清浄無垢な下着に宿るのである。中からきれいになっていないときは、人は不潔感を感じる。五感を研ぎ澄まして相対してみれば、相手の心までも見通すことは、それほど難しいことではない。頭を使うことが多くて、感覚が鈍ってきている人間であっても、集中的に努力すれば、まだかなりの洞察力を発揮することも可能だ。「千里眼」は無理にしても、「一メートル眼」の能力くらいは、まだ失ってはいない。

よそ行きで着飾ったときに違和感を感じる人は、そのよそ行きを着慣れていないだけではない。心に落ち着きがないので、自信に欠けるところがある。着るものも心も、付け焼刃であるので、いつ剥がれるかと心配する気持ちが続いているからだ。

　普段着を着たままでも、堂々と胸を張って人と相対することができる余裕が必要である。それには、日常生活の中でも、身だしなみをきちんとして、人に恥ずかしくない言動を心掛けていなくてはならない。

　恥ずかしいという感情は、人に自分が劣っていると思われるのが嫌で、人目を避けようとする気持ちである。だが一歩進めて、自分自身に対して恥じないようにとする心構えを堅持するのだ。常に心を美しく保ち、美しく振る舞うようにと努めていく必要がある。

一流

常に心身を美しく保つ努力を怠らない

おしゃれ

三流 人に見えるところを飾り立てる

服装は自己主張である。自分の個性を発揮し、自分の考えているところを人に伝えようとする試みでもある。したがって、服装を見れば、その人の生き方や日々の生活における行動様式も、ある程度は推測することが可能になる。

女性の場合に多く見られるが、いつも華やかに着飾っていて活発に動いている人がいる。洋服の彩りも多様で、見ているだけで自分までも晴れやかな気分になる。誰に対しても如才なく振る舞い、口にする話題も尽きることはない。人生をフルに楽しんでいる様子がうかがわれる。一緒にいると、退屈することはない。

身なりと性格、それに行動様式とが、よくマッチしているので、その派手な雰囲気に抵抗を感じることは、あまりない。しかし、おしゃれな人かどうかというと、ノーといわざるをえない。自己主張が強すぎるのが欠点である。押しつけがましくなる傾向があるので、人を辟易させる場合がないとはいえない。

もちろん、自分を出し切っているので、心に含むところはなく、その率直さは人柄としても評価はできる。だが、服装に謙虚さがないのが、少し品を落とす結果になっている。いい人であるのだが、満艦飾《まんかんしょく》になっているために、その人柄のよいところも見えなくなっている。飾り立てることによって、自分という人間を隠してしまったのである。

人目を引くのに忙しい。人目は表の飾りのところで止まってしまう。その中にあるものまで見ようともしないし、その余裕もない。人の心を自分の心の中にまで引き寄せていく術を知らなくてはならない。

表面はすっきりと清楚なのがよい。飾りに惑わされない分だけ、人は自由になり、その余裕を相手の中身を探ろうとする努力に向ける。目を引かれない分だけ心が惹かれる、といってもよい。

だが、単にシンプルなだけであったら、受ける印象はさわやかでよいが、何か物足りなく感じる。面白いところがないので、そこから話題の種に火がついて広がっていったり、人の興味をさらにかき立てていったりすることがない。

そこで、一見したところはわからないところに凝ってみたりすると、俄然、人々の好奇心を刺激する。どこか少し変わっていると思って、詳細に見ていくと、手の込んだ細工が施してあったり、意外な仕掛けがしてあったりする場合だ。

これは、見方によっては、単なる小細工として片づけることもできるが、やはり人生を何かの拍子に面白くして楽しもうとする試みとしては、評価するべきであろう。効率とスピードを求めて、というよりもそれらに振り回されている現代人にとっては、ちょっとした密かな楽しみの効果は少なくない。束の間ではあれ、心を癒してくれる種になることは間違いない。

また、普段は見えないところに、意外性のあるものを隠しておくのも、楽しみ方の一つである。女性の着物は、さまざまな模様のあるものが多い。したがって、着ているのを見ているだけで楽しむことができる。ところが男性の着物は、地紋があったり色合いが異なったりする程度で、地味であるのが一般的である。そこで、裏地を派手なものにして楽しむ。脱いだときに、表地とのコントラストが甚《はなは》だしく、人を驚かせる。また、足早に歩いたりすれば、裾がめくれて、派手な裏を垣間見させることになるときもある。

人には気づかれなかったとしても、自分がそのような裏地の着物を着ているという気持ちに、心を弾ませる効果がある。自分の秘密であり、秘密兵器を隠し持っているにも等しい。それは、大きなエネルギー源にもなる。その事実について、自分で暴露してみせたり吹聴《ふいちょう》したりするのは、せっかくの価値を台無しにしてしまう。それ以上に、自分の品のなさを人に見せてしまう結果にもなる。

隠しているから面白いし、興味をそそられる。人々も奥の深い人であると評価をして、その人にはもっと面白いことがあるに違いないと考えて、さらに興味をつのらせるのである。

しゃれっ気のある人は、徐々に人を引き込んでいって、人生の面白さを見せてくれる人だ。常に自分の身の回りに「隙間」をつくって、そこに人が興味を抱いて寄ってくるようにしている。押すのではなく、一歩退いて人を引き寄せるのが上手な人である。

一流 見えないところに凝る

姿勢

三流 肩を落とすか虚勢を張るかしている

記念写真などに写った自分の姿が、いかにも元気がなさそうに見えたので、不本意に思っていたことがある。そのころは、仕事をいくつも抱えて、忙しく走り回ると同時に頭も常にフル回転させていた。一つのコンサルティングの顧客先だけでも、週に四十時間以上を割き、そのうえに執筆活動もかなり活発に行っていた。茶道の仕事も定期的なものはそれほどではなくても、かなり頻繁に催したり参加しなくてはならない事業があった。

すべては順調に進行していたので、忙しくて疲れていたとはいえ、気持ちには充実感があって張り切っていた。しかるに、写真の私には覇気は感じられず、しょぼくれた男という様子であった。私は昔ファッション関係の仕事にも長く携わっていたので、一応は人一倍身なりにも気を使っている。それにもかかわらず、貧相な様でしかなかった。

その点についての疑問を妻に投げかけたら、彼女は写真を見たうえで、ひと言の下に明解なコメントをしてくれた。肩を落とし背を丸めているからだ、というのである。それ以後、写真を撮られる場面では、その言葉を思い出して、背筋を伸ばして胸を張るように心掛けた。

すると、まさに「ほら、見てごらんなさい」という結果になっていた。それまでとは打って変わった格好になっているのだ。姿勢を正しくしただけで、前向きの意気込みを持っているという印象を与える写真になっている。背筋を伸ばすというひと言が、このうえなく価値のある助言となった。

私もビジネスコンサルタントを長くしていて、さまざまな企業のための仕事をしてきた。朝から夕方まで、役員や幹部社員と同じように日常業務の流れの中に入ってする業務もあれば、企業の組織や運営方式をチェックして大所高所からの助言をする場合もある。後者の場合には、口頭で簡単な観察結果を述べたり改善部分について話したりすることも少なくない。

それが極めて有効な助言となったときは、非常に感謝される。だが、その助言の、業務に対する効果や貢献度に応じた報酬を支払ってもらうことはない。成功報酬のシステムを採用していないのであるから当然のことである。とはいえ、報酬に色をつけてもらえないかと考えたりもする。凡人の浅はかな了見であるといわざるをえないが。

口から出てきたひと言の考え方やアイデアは、瞬間的に飛び出してきたものであるから、その時点では苦労も努力もしていない。しかしながら、そのよってくる基礎には、長年にわたる経験と知識の集積と、その間に醸成された知恵がある。したがって、その価値を認めてもらいたいと思うのは、偽わらざる気持ちである。

以上のようなことを念頭に置いて、私の姿勢に関する、妻の適切な助言に対して、深甚なる謝意を表明したことは、いうまでもない。そのために、私がその後に得た「利益」は計り知れない。私の場合、忙しくしているあまり心構えにおいて欠けるところがあったのが、姿勢に表れていたのである。

姿勢は身体の構えであるが、同時に心の構えでもある。心を前向きに保つと同時に、自分自身に自信を持っていれば、悠揚迫らず泰然《たいぜん》自若《じじゃく》たる姿勢に徹するかたちになるはずだ。その心構えを、忙しく走り回っているときも、時間に追われた作業をしているときも、緊急事態に直面して厳しい決断を迫られているときも、また悲しい場面に遭遇したときも、忘れないことだ。

身体をこわばらせることなく、自然に正しい姿勢を保つためには、自分はいつもベストを尽くしているという自信と安心感が必要だ。自分に自信がない人ほど偉そうぶる。肩を怒らせて人を恫喝《どうかつ》せんばかりの態度を取る。自分が弱い人間であることを示している証拠である。本当に強い力を持っているのであれば、脅しを掛ける必要はない。相手が不都合なことをしたときに、実力行使をすればよい。

虚勢を張っていて、それが虚勢であることを知らないのは、当の本人だけである。それが空威張りであることは、ほかの人たちには最初からわかっている。弱い者ほど強がって見せるという事実は、誰でも知っていることだ。威張り散らしたのでは、そこで自分の力のすべてを出し切ってしまう結果になる。エネルギーが涸渇している状態である。正しい姿勢を保って、常に余力を蓄えておかなくてはならない。

一流 いつも姿勢を正している

服装

三流　服に着られている

身につけているのは上質なものだとわかるのであるが、何か「身についていない」感じを受ける。よく見ると、スーツもネクタイも同じブランド商品らしい。その点を話題にすると、自慢めいた説明をしてくれる。シャツも靴も、さらには時計やカフスリンクまでも同じブランドのものだという。

身につけているものは、すべて出身が同じ「仲間」であるから、お互いに調和がとれているので違和感はない。だが、本人とは、どうもしっくりしていない感じを払拭することができない。身につけているものが、本人から浮き上がっているのである。

着ているものを意識しすぎている。したがって、人と相対しているときでも、相手に対して一〇〇パーセント集中していない。気もそぞろになっているのである。身につけているものを自分のものとしていない。自分のほうがスーツなどに気を使っていて、あたかも下僕のように仕えている関係になっている。

ファッションショーにおけるモデルを見習わなくてはいけない。モデルたちが着ているスーツやドレスは、デザイナーやメーカーのものである。したがって、借り着であり、しかもそのときだけ「仮」に着るものだ。にもかかわらず、自分のものとして、きちんと着こなしている。

ショーの目的は、デザイナーやメーカーの作品を公開して見せて、最終的には人々に買ってもらう点にある。したがって、作品を見せるのが主眼であって、モデルを見せるためのものではない。モデルは黒子に徹するのが、本来のかたちだ。

ところが、モデルたちは、心密かに自分を売り込もうと思っている。そこで、主役であるべきスーツやドレスを脇役に仕立てて、自分自身を押し出そうとする。その意気込みが、着ているものを自分の支配下におき、自分を引き立たせる「道具」として利用する雰囲気を醸し出しているのである。

主役は自分だという意識が、まったく一時的な借り着を、自分のものとして着こなす結果になっている。立派な服装をするときも、人に見てもらいたいのは、その服装ではなく、それをまとっている自分である。身につけているものすべてを自分のために利用し、意のままにしているという自信がなかったら、そのような格好で人前に出るべきではない。自分の存在感を薄くするだけであるからだ。

服を見たら、その中に人がいたというのではなく、人がいると思ったら、その人が服を着ていたという感じでなくてはいけない。あくまでも自分を主張するための服装であって、その点において主客転倒が起こらないように気をつける必要がある。

また、上から下まで同じ色調のもので統一し、アクセサリーまで同色系統にしている人を見掛ける。確かに、まとまってはいるが、まとまりすぎて単調である。最初見たときは、印象的であるが、そのうちに飽きてくる。同一ということは静的であり、したがって時間の経過とともに退屈してくるのである
動きを演出するためには、異なった要素を入れなくてはならない。異なった色合いのものを選んで、単調さを破る。それがアクセントになれば、全体を引き締める効果をも生ずる。それはアクセントであり強調するものであるから、一点に限るのが原則だ。

それは色に限らず、模様や素材などについても同様だ。いろいろな要素が入り交じったら、狂騒的に賑やかになるだけだ。見る人の頭を混乱させ、目の前にいる人の人格についても支離滅裂ではないか、と疑わせるに十分な結果になる。

スーツにストライプがあり、シャツやネクタイもストライプのものであったら、最初は

人目を引くかもしれないが、人々はすぐにその騒々しさから目を逸らせたいと思うはずだ。演芸の世界にいる人などのように、奇抜さを演出して印象づけようとする場合は、効果的である。だが、普通の人がそのような服装をすれば、ただの目立ちたがり屋として、軽い人物という評価をされるだけだ。

自分の職業と立場にふさわしい服装を心掛けなくてはならない。服装と自分のしていることとがかけ離れていたら、人々は服装とその中身の人間と、どちらが本当なのかと考えとまどってしまう。

身につけるものを、自分の「第二の皮膚」くらいに考えて選んでいけば、まずは自分らしい身なりができるはずである。自分自身のものとして違和感のないものにしておくのだ。

一流

自分のものとして着こなす

流行

三流

流行を追い掛ける

終戦の少し前から伯母を頼って疎開していっていた島根県の山村に、原爆で壊滅状態となった広島から命からがら逃げてきた母と一緒に住み始めた。その前年に、父は突然として配達されてきた召集令状によって戦地へと駆り出され、あえなくも戦死していた。

田舎であるから、米に芋類やかぼちゃなど「主食」になるものもあるが、すべて農家のものである。それらを手に入れる簡単な方法は、着物などの衣類を差し出して交換してもらうことであった。母が伯母と一緒に、なけなしに近い着物などを持っていって、食べ物を調達して帰ってきていた。

着るものは、同じものを着ていてもよい。すり切れたりボロボロになったとしても、つぎはぎをするなどして修理すれば、何とか長持ちをさせて着続けることができる。着のみ着のままという状態も、周囲の人たち皆がそうであったのだから、まったく抵抗を感じることもなかった。

しかしながら、食べ物は食べるとなくなってしまう。すなわち、利用が一回しかできない「完全な消耗品」である。生活必需品として「衣食住」といわれているが、その中で食が必需である度合いは、飛び抜けて高い。文字どおりに、生きる糧なのである。

終戦から年を経るにつれて、食糧事情もよくなり、それに従って身につけるものも、一つ二つと数が増えてきた。飢えから逃れ、食べ物もバラエティに富んでくると、選択の余地が出てきた。だが、衣類に関しては、種類がいろいろとあるようになったといっても、まだ一つの目的のためには一点という時代が長く続いていた。いわば一張羅の時代であった。

日本経済の復興が進むにつれて、最初は企業が隆盛となり、それに従って、極めて徐々にではあるが、個人の生活も潤ってくるようになった。身につけるものについても、バラエティにおいても花咲く時代となり、時と所と場合に応じて服装を選ぶ傾向が見られるようになってきた。

ファッションという言葉が踊り始めると、人々は豊かになった経済的基盤の上に立って、衣の分野においても、変化やバラエティを求めるようになった。ファッションに踊らされ始めたのである。多くの新しい選択肢の中から、自分の好みに合ったものを選ぶのは、それだけ人生が楽しくなることだ。

だが、そこで自分の「好み」という視点を忘れないことがポイントである。変化を求めて新しいものを追いかけ始めると、その姿勢には歯止めがきかなくなる。そうなると、自分は自主的に追いかけていると思っても、冷静な第三者の目から見ると、うまく乗せられているとしか映らない。

流行は流れであるが、やみくもに流されたのでは、その業界の「餌食《えじき》」にされているにすぎない。業界からは最高の顧客としてもてはやされるが、自分の個性を毅然として主張する姿勢を欠いているので、自分の格を落とす結果になっている。

現在の業界は、ファッション業界に限らず、常に次々と新しい商品やサービスを生み出し市場に出すことによって、人々に金を使わせようとしている。消費者のニーズに応えてとか先取りしてとかいっているが、その場限りで消費者の欲を煽り立てている場合がほとんどだ。将来へ向かっての、確固たるビジョンに基づいた方針に沿っているものとはいい難い。

だが、流行を全面的に無視して、孤高を持していくのも、大人気ない。ほかの人が乗っていることには、ある程度は乗ってみる。数多くある種類の中には、自分の好みに合ったものも、一つか二つかは見つかるはずだ。それを取り入れてみるのは、人とのコミュニケーションを図るためにも必要である。自分がそれほど好きではない食べ物であっても、仲間にすすめられたら、つきあいに一つつまんで食べる。それと同じように考えるのだ。

もちろん、自分の好みに合った流れがやってきたときは、積極的に乗っていく。要は、人から押しつけられたものに、流行だからという理由で、簡単に乗せられたのではつまらない、ということだ。自分の好みと自主性という判断基準を失ってはならない。また、自分が乗っていくかパスするかは別として、流行の流れには敏感でなくてはならない。それは、たとえつくられたものであって自然の流れではなくても、人々の感性に訴え、一時的ではあれ、同意を得たものであるから。

一流

流行に対しては敏感であるが、それに乗るかどうかは自分で決める

ティーピーオー

三流 自分勝手な服装をする

自分独りでいるときは、どのようなことをしようと、自分の自由である。だが、たとえ自分の家の中であっても、ほかの人が一人でもいたら、その人の迷惑にならないようにと考えたうえで、しなくてはならない。ましてや、大勢の人がいる外に出て行ったときは、その人たちの目を意識して行動することが必要になってくる。人間は社会的動物である点を忘れてはならないのだ。

着るものについても、皆一応はその点をわきまえている。よそ行きと普段着とを区別して、使い分けている。もちろん、その区別の度合いは人によって異なっている。近所で買い物をしたり散歩をしたりするときも、いちいち着替える人もいれば、家の中で着ていたままの格好で出掛ける人もいる。

どの程度に人の目を意識するかによって、どの程度にきちんとした服装をするかが決まってくるのである。旅行に出掛ける場合を考えてみると、わかりやすい。昔は、物見遊山の場合でも、特に遠くに行くときは、よそ行きを着ていた。男性であれば、スーツにネクタイの姿である。多くの人々に見られるので、きちんとした身なりをするという考え方であった。

だが、最近は仕事で海外に行く場合でも、航空機で移動するときは、ラフな格好をする人が多くなった。乗り物に乗るという点に焦点を合わせて、その間はできるだけ楽にしていようとする考え方である。現地で人に会うときは、スーツに着替えればよい。もちろん、空港で出発するときや到着したときに、報道陣に囲まれてフラッシュを浴びる種類の人たちは、その点を十分に意識して、それなりの身なりをしている。自分の好みの衣服をまとう自由はあるが、場違いな身なりにならないように、という原則を守らなくてはならない。自分の独自性を演出して、自己主張をすることが推奨されている昨今である。それは身なりについてもいえることであるが、それに対しては、常に社会性というフィルターを通さなくてはならない。

たとえば、友人の結婚披露宴に参加する場合を考えてみる。それも、友人同士だけの気楽なものではなく、一流ホテルの宴会場で催される格式張ったものであるとする。自分が自由な服装をするのが普通である業界で働いているときは、仕事の場でも時には派手な身なりもしている。そこで、目一杯のおしゃれをして、ファッションの最先端を行く格好をして行ったとしたらどうなるか。

まさに場違いである。友人の結婚を祝福するのが目的の集まりだ。主役はその友人であって自分ではない。友人より目立ったのでは、完全なルール違反となる。主役を引き立てるために、脇役ないしは端役に徹しなくてはならない。友人に敬意を表するという意味で立派な装いをしなくてはならないが、それ以上の自己主張は慎む必要がある。

特に公式の度合いが高い集まりの場合には、ドレスコードすなわち服装規定を定めることがある。男性であれば、タキシードとかスーツにネクタイとかいう類いである。このような集まりに参加するときは、その規定は厳しく守る必要がある。さもないと、意図された雰囲気が醸し出されない結果となり、ほかの人々の期待感も裏切ってしまう。

規定に沿わない服装をしてきた者としても、居心地は悪いはずだ。自己主張とか独自性とかいっても、人は詰まるところ群れて生きていく動物だ。仲間外れにされたと感じたときは、寂しい思いをするだけである。目立つよりも、大勢の中の一人として群れの中にいるほうが、心安まる場合も多い。

毎朝、今日はどこに行って誰に会うのかをよく考えたうえで、身につけるものを選ぶ習慣をつける。人に強い印象を与えたいと思う場合もあれば、真面目さを強調する必要がある場合もある。前者の場合であれば、どこかにアクセントを置いた身なりの演出をしたほうがよいかもしれない。後者の場合には、ダーク系統の服装でまとめなくてはならない。

要は、ティーピーオー（ＴＰＯ）すなわち時と所と場合に応じて、それにふさわしい服装を心掛けるのである。それは、自分が社会の一員であることを忘れないで、社会の秩序を乱さないというルールを守ることでもある。自分の気分に任せて自分勝手な服装をしていたのでは、社会から疎外され爪弾《つまはじ》きされてしまう運命となる。人々の気分を考えないで迷惑を掛けるのであるから、当然の結果だ。

一流

自分の分をわきまえ、その場にふさわしい身なりをする

研究

三流　人の真似ばかりする

友達と一緒に旅行をする。観光地であれば、土産物を売っている店が軒を連ねている。客を呼び込み買ってもらおうと懸命になっている様相が展開されているが、売っている商品は、大体同じようなものだ。それでも中には独自な商品構成を試みている店もある。

友達が買ったものがあれば、それを見て自分も買ってみようかと思う人は少なくない。どこの店で売っていたかを聞いてから買いに行く。友人の真似をしているのであるが、それに関しては友人としても、何ら抵抗を感じることはない。たまたま自分の目に触れて、よいと思って買っただけであるからだ。

仲間が同じ土産物を買ったとしても、それで自分が嫌な思いをすることはない。逆に、情報を分かち合い、同じものを買ったということで、お互いに喜ぶ。仲間としての意識が大いに高まるくらいだ。それは、団体行動をしている場における行動であるから、なんら引っ掛かるところがない。

日常生活の中で、人の真似をしたら、どうなるか。あの店で美味しいケーキを売っていたという話を友人にすると、友人も買ってみたいという。そのようなときは、すんなりと店の名前や場所を教える。友人が喜ぶのを率直に喜ぶことができる。

だが、洋服やアクセサリーなど自分が身につけていて得意に思っているものを、友人が自分も買いたいといったときは、どのように対応するだろうか。ちょっとした、ためらいの気持ちが生じても不思議ではない。

自分としては、あちこちと店を見て回り、さまざまに考えを巡らせたうえで選択して、買ったものだ。誇張していえば、自分の汗と知恵の結晶にも近いものである。それを、相手が友人であるとはいえ、瞬時に奪おうとするにも等しい行為をしようとしている。凡人としては、心穏やかならざるものがあるのも当然であろう。

さらに、自分が創意を発揮して独自性を演出するために使っている「道具」である。それと同じものを、自分の近くにいるものが身につけたのでは、独自性の色合いが薄くなってしまう。いくら公開された市場で販売されているものであっても、買って身につけるのを遠慮してくれないかと願う気持ちも、理解できなくはない。

食べ物や飲み物の場合であれば、賞味してしまえばなくなる。その場限りのものだ。だが、身につけるものであれば、常に人の目につく。双方を知っている人が見たら、どちらかが真似したのだと思うであろう。すると、自尊心を傷つけられる可能性が出てくる。

店で買ったのではなく、人が自分のアイデアに基づいて工夫を凝らして作った衣服やアクセサリーであれば、その創意に対して敬意を表す必要がある。その真似をして同じようなものを作るのは、人のアイデアを横取りしていて、「心理的特許権」を侵害するにも等しい行為である、ということができる。

すべての学習は真似るところから始まる。「学ぶ」と「真似る」という言葉は語源が同じであるといわれている。よいことをしている人があれば、それを真似てすることによって、自分の品格を向上させていく。ただ、それは人生の真髄にかかわるようなことについてである。個人的な世界で楽しむためのアイデアをそのまま真似るのは、単なる猿真似であり、芸がないといわざるをえない。

どうしても、そのままに真似たかったら、その人の了承を得るのがエチケットにかなっている。特許権や実用新案権に対する使用料を払うようなことはする必要がないが、せめてそのような気持ちを抱きながら真似る必要があるだろう。

そもそも、人の猿真似で個性を主張しようとする考え方が間違っている。かたちだけを真似ているので、身につけているにもかかわらず、身についていないという結果になっている。自分自身で考え、自分の中から出てきたものであって始めて、自分にぴったりのものとなる。また、自分で一所懸命に考えてつくったものであるから、デザインであれ何であれ、大切にしようとする意気込みが違う。

「悪銭身に付かず」といわれているのと同じように、不当に手に入れたものは、有り難みが少ないので、きちんと生かし切ることができない。たとえ、一般的な基準からはグレードが低いものであっても、自分のオリジナルは自分にとっては価値がある。自分がつくり上げたという過程が重要で、そこから自信も湧いてくるのだ。

一流

自分自身のオリジナルをつくる

センス

三流

権威やブランドに弱い

ブランド商品が氾濫している。街の中を歩いていても、公共の交通機関に乗っていても、周囲を見回すと、ブランド商品が必ず目に入ってくる。学生風の若い人から歩行に多少不自由のある年配の人に至るまで、そのうちの何人かは必ずブランド商品を身につけていたり手にしたりしている。有名ブランド商品を販売している店舗は、大都会の一等地に次々と進出して、その店づくりの格好よさをお互いに競い合いながら、道行く人々を魅了しようと迫ってくる感じだ。

有名ブランドの商品は、「身元」がはっきりとしているので、一応は信用できる。それに友人や知人が持っているとなれば、自分も欲しいと思うのは人情だ。価格は高くても、デザインや品質などがある程度は保証されているので、大枚を投じてでも買おうとする。

また、一目でそのブランドであるとわかる、独特のロゴが入っていたりするので、一流品であることが明らかである。そこで、ちょっとした自尊心も満足させることができる。

しかしながら、一流のブランド品を持っているからといって、必ずしも自分が一流の人間とはならない点を覚えておく必要がある。逆に、ほかの持ち物とのバランスが悪かったり、行動様式に品がなかったりすれば、三流の人間であることを強調する結果になる。身につけているもの一つひとつの間に調和が見られず、また人格ともつりあっていないので、人々に不安感を与える。

身なりは自己主張である。だが、あまりにも世間に多く出回っているブランド商品を身につけたり持って歩いたりしたのでは、没個性という結果になっている。高級品であっても、大勢の人たちが持っていたら、大衆化しているので、ある意味では大衆品になっているといえる。

結局は、皆と同じように時流に乗っているというだけであって、費やした金額の割には、あまり効果がない。金の使い方においても下手である。さらに、皮肉な見方をすれば、金を払って自分の所有物とした商品であるにもかかわらず、そのブランドの宣伝をしている結果になっている。

商品を身につけたり持ったりして歩き回ることによって、自分自身が「動く広告」となっている。アフターサービスは本来は業者が客にするものである。だがこの場合は、客が業者にしている。過剰な「逆サービス」をしているにも等しい。笑い話としては、お人よしにも程度がある、ということもできるのではないだろうか。

有名なブランド商品でも、粗悪品はある。そのブランドが長年にわたって製造販売をしてきた商品群については、経験を積み重ねてきたという歴史があり、感心して賞賛せざるをえないものも多い。高価であっても、仕方がないと思う。だが、後になってから付け加えた商品群については経験が浅い。外注でつくらせていて、品質のチェックが徹底的にはできない場合もある。

実際に、見たところの色やデザインは斬新であったが、すぐに形が崩れ磨耗してしまった商品を見たことがある。その十分の一以下の値段で、どこでも売っているような商品よりも、機能においては劣っていたのだ。

ブランド物は、「商品」を売るのではなくて、「ブランド」を売っている面がある。その点をよく理解しておく必要がある。個々の商品については、頭から信用しないで、自分の使用する目的にかなうかどうかを、自分の目で確かめてから買うのだ。

ブランドというムードに酔って、判断力を失ってはならない。自分が客であり主人公であるという自覚と自信を持ち続けていれば、巧みなセールストークや、しゃれていて高級感のあふれる商品のプレゼンテーションに惑わされることはない。

普段から、本物を見極める力を養っておかなくてはならない。それにはどうしたらよいか。答えは簡単だ。本物ばかりに集中的に接することである。美術館に行って、歴史の試練を経てきた本物と向き合ってみる。そのときに説明を聞いたり解説文を読んだりしてはいけない。虚心坦懐《きょしんたんかい》に作品から出てくるメッセージを読み取ろうと努力するのだ。

そのような機会を重ねれば、自分の感性も高められる結果になる。すると、よいものに出合えば心が和み豊かな気分になるが、悪いものや偽物を前にすると違和感があったり不快感を覚えたりする。本物が見分けられるようになれば、自分自身も本物になっている。

一流 善し悪しを自分で見極める

第５章

一流の仕事術、三流どまりの仕事術

プロ意識

三流 「仕方がない」などと言い訳ばかり

学生の本分は勉強をすることであった。勉強さえ一所懸命にしていれば、学生として認められていた。たとえ成績が悪くても、学生の身分を剥奪されることはなかった。テストで及第点がとれなかったら、親切にも補習授業などをして、成績が上がるように面倒を見てくれてもいた。至れり尽くせりのシステムで守られていたのである。

また、いくつかの問題を与えられて、解答ができない問題があっても、ほかの問題で点数を取れば、それでよいとされていた。白紙の答案があっても、一応は許されていたのである。

しかしながら、仕事の世界に入ってくると、様相が異なってくる。与えられた特定の仕事についていては、嫌だからといってしなかったり、難しくてできそうもないからといって途中で諦めたりすることは許されない。一つひとつの仕事に対して、渾身《こんしん》の力をふり絞って、何とか成し遂げることが求められている。

自分という個人に与えられた任務は、基本的には自分だけの力で遂行して、期待されている結果を出す責任がある。すなわち、「使命感」を持つことが不可欠になってくる。学生と社会人との大きな違いは、この点にある。

芳しい成果が上げられなかったからといって、言い訳をしたり謝ったりするのは、本来であれば許されない。もちろん、神ならぬ人間には、できなかったり間違ったりすることは常に起こる。ただ、そのようなことが度重なれば、仕事の場には不適格であるとして、「追放」されるか、それに等しい待遇をされる結果になる。

ビジネス社会で働く人は、いろいろな名称で呼ばれている。労働者、従業員、社員、サラリーマン、ビジネスマン、それに管理職、経営者などと、そのときの立場や視点によって異なっている。だが、それぞれの役割を果たすときには、そのような名称の陰に隠れることなく、「仕事のプロ」であるという自覚と自信を持ってしなくてはならない。

プロとは専門家であり、その道の達人である。したがって、自分自身に対して、余人には代えがたい、という意識を常に持ちながら、仕事に取り組んでいかなくてはならない。

自分は資本主義社会の下で働かせられている労働者であるとか、企業に縛られている従業員や社員であるとか、あくせく働いている、しがないサラリーマンの一人であるとか、または利益を上げるために走り回っているビジネスマンであるとか考えていたのでは、いけない。

人々を監督し組織の運用を図っていく管理職であるとか、人の上に立って企業を運営し事業を進めていく経営者であるとか考えてばかりいても、逆に注意が全体に行き渡らなくなって、方向性を誤るという危険性も生じてくる。自分の役割を狭く解釈して、トップや上層部に位置していても、狭い殻の中に閉じこもる傾向になるからだ。

仕事の世界にいる者は、上層部にいる人たちから末端の人に至るまで、人間社会を平和で幸せなものにするという究極の目的に向かって、自分の力を尽くしていくという心構えが必要である。その視点を失ったのでは、プロとして失格だ。

プロが使命感を失ったら、プロの名前を返上しなくてはならない。プロとして最もわかりやすい例の一つは医師である。医師が単に職業の一つとして業務をしていたのでは、さまざまな問題が起こってくる。医師の職分は医師法に規定されているように、「医師は、医療および保健指導を掌《つかさど》ることによって公衆衛生の向上及び増進に寄与し、もって国民の健康な生活を確保するものとする」とされている。

重大な使命を担っているので、社会的地位も高い。患者と接する場面においては、病気を治せない結果になっても、また薬石《やくせき》効なく死に至らしめた場合でも、診療の報酬は受け取る。結果責任は負わないのである。それはプロであることを皆が期待し信じているからにほかならない。その信頼を裏切るようなことが時どき発生しているが、それは医師の業務を生計を立てるための手段の一つとして考え、その社会的責任を忘れているからだ。

通常のビジネスに携わる者も、どのような職種であれ地位であれ、優れた医師と同じように、任務に対しては真摯に取り組んでいかなくてはならない。「人事を尽くして」いけば、企業に役立ち、ひいては社会のためになるプロの一人として生きていける。

一流 どのような仕事にもプロとして取り組んでいく

切り替え

三流　いつも仕事に追われて「忙しい、忙しい」といっている

仕事の場では、ひまであるよりも忙しいほうがよい。ひまであるというのは、それだけ仕事がないことであるから、食いはぐれる可能性もある。忙しいというのは、一般的には、事業が隆盛であり、個人的には人材として必要とされていることを示している。

そこで、「忙しい」という言葉が、相手に敬意を表するときの枕詞のように使われている。「お忙しいところをお集まりいただき」とか、「お忙しくていらっしゃる」とかいう類いである。だが、単に忙しいだけでは、必ずしもよいことであるとは限らない。その内容が重要である。

仕事の仕方が下手で効率が悪いために忙しくなっている場合もあれば、くだらないことまでも抱え込んでしているので時間がなくなっている場合もある。実際に、忙しすぎる状

態になってくると、仕事の効率は悪くなる。そこで、さらに忙しさが増してくる、という悪循環に陥ってしまう。

どのような場合でも、事態が徐々にではあれ悪化していると思われるときは、まずは悪循環になっているのではないか、と疑ってみる。現状を仔細に分析して、そうであるとわかったときは、まず流れを止めてみるのだ。すなわち、忙しすぎるときは、すべての仕事を一時中断する。少なくとも一時的には、仕事には支障を来し、人々にはより以上の迷惑を掛けることになるが、必要不可欠な手段である。

機械の点検を大々的にするときは、いったん運転を全面的に停止して行うが、それと同じだ。仕事のオーバーホールである。そこで冷静な目で分析し考察することによって、磨耗した神経を休め再活性化する道を探らなくてはならない。

以上のようなオーバーホールの仕組みは、仕事の世界ではすでに、きちんとしたかたちで確立されている。すなわち、休憩時間であり休日であり長期休暇のシステムである。いくら忙しくても、超繁忙なときは例外として、「休む」ということを忘れてはならない。

西洋の諺に「勉強ばかりしていて遊ばないと子供は馬鹿になる」というのがある。悪循環に陥る危険を避けるためには、同じことばかり続けてしないことだ。勉強に対して遊びという相対するものを織り混ぜていく。

仕事中にあっては、時と場合により、休む余裕がないときもある。そのようなときは異なった種類の作業に時どき切り替えてみるのだ。すなわち、書く作業が続いているときは、途中に読む作業を入れる。書類に埋もれた仕事をしているときに、電話を掛けたり人に会ったりする用事を入れる。

同じ仕事をするのであっても、頭や身体を異なった機能のために使うのである。それには間違いなく気分転換という効果がある。心機一転が図られ、頭や身体にも異なった刺激が与えられるので、仕事の能率も上がってくる。

「忙しい、忙しい」という人には、忙しがっている人が多い。本当に忙しいのであったら、忙しいなどといっているひまもないはずだ。忙しいのは自分の仕事の仕方が下手であると恥じる気持ちがあれば、忙しくても悠然と構えて余裕を見せるくらいにする。

現実の仕事の世界では、仕事ができるところに仕事が集中してくるという法則が見られる。できる人にしてもらったほうが、質のよい成果が早く実現されるので、当然のことである。だが、そこで重用されているとか認められているとか考え、喜んで仕事を次々と引き受けていたのでは、処理しきれなくなって自滅してしまう。

自分の能力の容量と限界を考えて、ときにはノーという決断と勇気が必要である。さもないと、せっかく一流の働き手になる可能性があったにもかかわらず、膨大な量の仕事に押し潰され、志半ばにして仕事の土俵から下りることを余儀なくされてしまう結果にもなりかねない。

仕事に追い掛けられるようであってはならないし、仕事を追い求めるようであってもよくない。仕事と一緒に歩いたり、ときには走ったりして、仕事と仲よくしていく姿勢が望ましい。仕事の流れにタイミングよく上手に乗っていくという「要領のよさ」ないしはバランス感覚が、長続きするためのコツだ。

誇らしげであれ不平がましくであれ、「忙しい」といっているうちは、まだ仕事の場では「小物」である。

一流 仕事ばかりでなく休んだり遊んだりもする

行動力

三流 「後で」と先送りする

机の上に書類が山積みになっている人がいる。少なくとも事務的な仕事においては能力の劣る人であると断定して、まずは間違いない。書類の整理をきちんとすることができない。自分のところに届けられた書類を、すぐに見なかったり、見ても後から処理しようと考えたりして、そのままにしておくのだ。

机の上を書類を置いておく倉庫であると勘違いしている。机は書類などを操作する「作業台」であることを忘れている。書類はまずよく読んだら、その場で即座に処理するのだ。すなわち、情報を伝えるだけの書類であれば、よく理解して頭の「倉庫」の中に入れたら、直ちにファイルするなり廃棄するなりする。

その書類に従って何か行動を起こす必要があるときは、その場でできる限りのことをする。ほかの人の協力が必要な内容である場合は、相手が上司であれ同僚や部下であれ、直ちに依頼したり指示したりする。間髪を入れずに行動するのがポイントである。

後でもう一度読んで対処の仕方を考えようと、悠長なことを考えていたのでは、仕事は山積していく。即断即決ならびに速断速決を心掛ける。もちろん、慎重に慎重を重ねて熟慮すれば、即断をした場合よりも、よりよい考えが出てくることもある。だが、自分自身の能力に自信を持って、判断をし処理していくのだ。

いつも判断や処理をするのが遅い人は、冷静な第三者から見ると、単に優柔不断で仕事のできない人でしかない。自分は一所懸命に考えているといっても、人は「下手の考え休むに似たり」と思っている。

一つの方法としては、書類を一度手にしたら読んで、それに関する処理を決断するまでは下に置かないことを原則にするとよい。できるだけ、作業を一回で済ませるのである。

電子メールを扱う場合も同様だ。受信して読んで直ちに処理したら、すぐに削除していくくらいの手早さが求められる。いったん画面を閉じておいて後からもう一度見ようとしたのでは、ここでも二度手間になってしまう。

後から返信したり転送したりしようと考えていたら、忙しくなって、それもできなくなってしまう。仕事の場における電子メールの効用は瞬間的な迅速性にある。その特長を生かせなかったら、まさに現代の最先端をいく文明の利器も、「猫に小判」や「犬に論語」それに「豚に真珠」のような存在に近くなる。それは動物以下になることであり、恥ずべきことではないだろうか。

いずれにしても、行動を起こさなくてはならないことについては、即座にすることが鉄則だ。特に、気が進まないことであったり、難しいことであったりすると、つい先送りしたくなるのは人の自然な気持ちである。「後で」とか「明日に」とか考えていると、その後や明日になっても、さらに先へ延ばしていきたくなる。ついには、行動に移さないままで終わってしまうことも珍しくない。

「思い立ったが吉日」といわれているが、毎日を吉日にするためには、しなくてはならないことを直ちに行動に移すのである。しなくてはならないことを先送りにすれば、そのことがその間ずっと頭の中にあって、気が休まらないのではないか。早く片づけて頭から外したほうが、気分もすっきりする。ほかのことに対しても前向きに取り組んでいく気力が出てくるはずである。

たとえば、失敗して人に迷惑を掛けたときなどの場合だ。謝らなくてはいけないと考えても、なんとなくバツが悪かったり自尊心が傷つくようであったりして、ついしそびれる。それでは、いつまでも負い目を感じ続けて、堂々と人前に出ることはできない。相手の自分に対するマイナスの感情も払拭されることはなく、逆に結晶作用を起こして、さらにひどくなる可能性さえある。

いさぎよく自分の非を非と認めて謝罪するのが、一流を目指す人の行動様式だ。過去のマイナス面からは一刻も早く抜け出して、心機一転して、前向きに生きていったほうが得策である。先送りするのは、過去のマイナスをいつまでも引きずっていくことにほかならない

一流　すぐに行動に移す

また、人に何かを頼まれたときに、「前向きに検討します」というのは、即座にはしないという意思の表明である。そのことにそれほどの関心もなかったり熱意もなかったりするときだ。そのようにいって、下手に期待を持たせるよりも、無理だとか可能性は少ないとか、はっきりいったほうが親切である。

時間管理

三流

時間にルーズ

時間の重要性については、「時は金なり」などといわれて、機会あるごとに強調されている。「歳月人を待たず」ともいわれて、現在という時間は二度とやってこないので、十分に人生のために活用しなくてはならない点も教えられている。時間が過ぎ去っていくことについては、人間はコントロールする術がない。人が時間に合わせていかなくてはならないのである。

生きている一瞬一瞬の積み重ねが人生である。過ぎ去った時間のすべてが、その人の過去であり、これから生きていくであろうと期待している時間のすべてが、その人の将来である。そのように考えると、時間は金よりももっと大切なものであり、「命」そのものであることがわかる。

時間をどのように活用し管理していくかによって、人生が意義のあるものになるかどうかが決まってくる。また、仕事の場では、自分自身の時間の流れに対して、必ずほかの人がかかわり合ってくる。そこでは、ほかの人の時間についても、尊重し大切にする姿勢を貫く必要がある。

人の感情は常に相互的なものである。人が大切にしているものを大切にすれば、自分が大切にしているものも大切にしてもらえる。時間についても、自分の時間だけ大切にして人の時間をないがしろにするようなことがあってはならない。何をするにしても、約束した時間を守ることは、自分の時間を大切にするだけではなく、相手の時間も大切にすることである。その点を十分に銘記しておく必要がある。

その点を忘れたりいい加減に考えていたりする人は、時間にルーズだ。約束の時間に遅れても、それほど悪いことだとは思っていない。五分くらい遅れるのは平気である。それを指摘されたり責めたりされると、逆に憤慨するくらいだ。待っている人の身になって考えようとしない。

待たされる側としては、五分間といえどもその間ずっと、今か今かと待っている。何も建設的なことをすることなく、ひたすら待つという、非生産的なことをする羽目になっている。まったく気の休まらない時間の連続であるから、その精神的な損傷には少なからぬものがある。

遅れるのは、人の時間を盗むにも等しい行為であるから、「時間泥棒」である。また、時間の連続が人の命であることを考えれば、それだけ命の一部を取り上げた結果にもなる。「部分殺人」といっても、必ずしも誇張ではないであろう。

仕事を仕上げる期限などについても、まったく同様である。仕事の進行状況は、組織の中のすべての流れと密接に関連している。自分一人の予定が狂っただけであると思っても、その組織に与える損害や不都合には少なからぬものがある。大きな機構の中における一つの小さな歯車であっても、それに食い違いが起こったら、重大な結果を招来することになる。

仕事一つずつの節目や一つのプロジェクトについては、明確な期限を設定して、その期限までに仕上げたり一定の成果を上げたりすることは、組織の運営上不可欠である。にもかかわらず、日常業務の中で、できるだけ早くなどと曖昧な指示の仕方をする人がいる。できるだけといったのでは、「できなかったから」という理由でしなくても、論理的には責めることができない。期限を明示しない指示や依頼は、仕事の場では誤解を生じるので、するべきではない。

時間が守れない人は、忙しかったなどという言い訳をする。忙しいのは誰も同じだ。時間を管理して守ろうとする意識がなかったり希薄であったりするので、けじめをつけることができない。人と約束した時間は「死守する」くらいの心構えが必要だ。遅くなっても謝ってすむと簡単に考えているので、ついルーズな対処をする結果になってしまう。

重要な仕事については時間を厳守するが、重要度が低い場合は軽く考えて適当な身の処《ほどこ》し方をしていると、その悪習が少しずつ身についてくる。一事が万事である。どんな些細なことに対してもルールを厳守する姿勢を堅持していかなくてはならない。

どんなに仕事がよくできる人であっても、時間にルーズであったら、ビジネス社会の中では「欠陥人間」である。どこかで人に迷惑を掛ける結果になるからだ。仕事の世界では利用価値があるというだけで、人格は認められず、二流の地位に甘んじなくてはならない。

一流 どんな場合においても時間は死守する

整理整頓

三流 秩序立てて整理をすることができない

必要となった書類が探しても見つからないといって、騒いでいる人がいる。それは今に限ったことではなく、頻繁に繰り返されている光景だ。その人の場合、必要な書類がさっと出てきた例がない。

いつも、かなりの時間がかかるので、書類探しに費やした時間を年間で合計すると、驚くほどの長さになるはずだ。欧米並みに長いバケーションを年二回取っても、お釣りが来るほどの時間量になる。

それは本人が効率の悪い仕事の仕方をして、組織に対してマイナスとなる結果になっているだけではない。周囲にいる人たちが、その書類を待つために費やす時間といらいらした気持ちや、騒ぎのとばっちりを食う迷惑度などを考えると、仕事に対する損害は少なくない。

受け取った書類を系統立てて整理していないから、混乱する羽目になるのだ。書類は手にして読んでいるときに、自分の仕事の中でどの部分に属するものかを、すでに判断しているはずだ。そこで、どこに整理しておくべきかも、きちんと決めておく。

キャビネットに入れるファイルに綴り込んでおくか、未決のファイルに投げ込んでおくか、適宜に処理していく。自分には写しとして渡されて、ただ「参考までに」という書類であったら、廃棄処分だ。不必要な書類を後生大事に取っておくのも、賢明な策とはいえない。きちんと整理しておくという意味ではよくても、スリムなファイルのシステムにしていないという意味では、二流の域に留まっている。

ファイルの分類方法が重要であるが、その基本は誰にでもわかることという点にある。本人が休んだときでも、ほかの人が必要となった書類をすぐに探し出すことができるようになっていなくてはならない。部外者でさえわかるようになっていれば、優れたシステムであるということができる。

大きなプロジェクトの場合であればよいが、そうでなかったら案件ごとというよりも、取引先別とかのほうがわかりやすい。書類の量がそれほどでもないときは、思い切って、すべて年月日順にファイルをしていくのも、一つの立派な方式だ。

人間の記憶力には限度があり、極めて曖昧なところがあるが、古い記憶と新しい記憶との違いは、何となく認識できることが多い。誰でも、自分の歴史については、無意識のうちに、時どき順次反芻《はんすう》しているのではないかと思われる。その点から考えても、年月日順というのは、わかりやすいシステムである。

仕事上の書類には、作成年月日が書いてあるのが普通だ。だが、自分が受け取った日は必ずしもその日付の直後であるとは限らない。企業では、受信日のスタンプを押すようにしている。その方式を採用していない組織の場合には、自分で受信の年月日を書き込んでおいたほうがよい。

緊迫したビジネス環境の中で働いているときは、年月日だけではなく、時間についても後から参考になる場合がある。自分が読んだ時間を書類の端にでも書き入れる習慣をつけておけば万全だ。仕事の状況が時間ごとに変化していくのが常態になっている現在においては、当然に必要となってくる作業である。

ファイルがきちんと整理されているかどうかを見れば、その人の頭の中が整理されているかどうかがわかる。ファイルの重要性を認識している人は、綴じ込みをするのも自分自身でしようとする。そうすれば、書類にさっと目を走らせる結果になるので、瞬間的にではあるが、重要なものについては内容の再確認もしている。

書類を廃棄する場合も同様だ。自分自身でシュレッダーに投入するときは、それぞれの書類に「永遠の別れ」を告げる。それも、瞬間的ではあれ、その書類に関連して自分のしてきた仕事について、反省をしたり思い出をよみがえらせたりするときだ。そのような心の余裕が、物事を秩序立てて考えて一つひとつをきちんとしていく姿勢につながっていく。

そもそも整理整頓をする出発点は、万人に共通なシステムをつくることにある。すなわち、詳細に説明しなくてはならないようなものは、システムとしては劣っている。わかりやすくいえば、慣れていなくて頭のよくない人が酔っ払ったときでも、理解して利用することのできるのが、優れたシステムである。整理整頓の上手な人は、そのようなシステムがつくれる人だ。自分勝手な人にはできない。

一流 誰にでもわかるシステムの構築ができる

確認

三流 過信するか人任せにするか

間違いを犯すのは人間の常である。したがって、一つの作業を終えたときには、必ずチェックする必要がある。重要度の非常に高い仕事の場合には、念には念を入れてダブルチェックをする。そのようなことは、仕事の世界の誰でも知っていることであるが、実際に常に必ず一〇〇パーセント実行している人は、意外にも例外的である。

普通は入念にチェックしている人でも、急いでいたり忙しかったりするときは、つい手抜きをしている。だが、そのようなときにこそ、間違いをする確率が高いので、落ち着いてチェックをする必要がある。

また、日常業務として流れ作業的にしている仕事の場合も、あまりにも慣れているので、後からの確認作業を怠りがちだ。周囲にいる人たちも、あの人は慣れているベテランであるから間違いなど犯すはずがない、と思っている。そこで、ちょっとおかしいとか違っているのではないかとかの疑いが生じたときでも、すぐに打ち消してしまう。

慣れは過信を誘う。一所懸命に学び技能を磨こうとしているときは、神経を張り巡らせている。だが、慣れてくると、怠け心が少しずつ頭をもたげてくる。そこで、ふとした弾みに過ってしまうのである。自分がベテランになったと思ったときは、危険な状態に陥っていると考え、初心に帰って再スタートを切る心構えにならなくてはいけない。さもないと、いくらベテランという域に達していると思ったりいわれたりしても、まだ二流に留まっている。

また、書類を作成するときなどに、いずれにしても上司がチェックしたり直したりしてくれると思って、推敲の努力を怠って雑な内容のままにして提出する者もいる。それではいつまで経っても上司の手を煩《わずら》わせなくてはならない。上司からの評価が芳しいはずがないし、進歩し向上する兆しは見えてこない。万年三流に甘んじることになり、もしかすると徐々に四流、五流へと転落していく道を辿る結果になる。

たとえ、文書の原稿であったり検討事項の叩き台にするものであっても、自分としては全力を尽くしたうえでの「完成品」であるとして、人の手に渡す心構えが必要である。自分の能力と努力、それに全人格までも込めた作品をつくり上げようとする意気込みを忘れてはならない。したがって、入念にチェックして万全を期するのは当然である。

さらに、つまらない仕事であると思っている場合は、粗略に扱いがちだ。確かに仕事には、重要度において高いものと低いものがある。だが、価値がないという仕事は一つもない。どれ一つでも、ないがしろにしたら、仕事の流れに支障を来し、質のよい成果を生み出すことはできない。

たとえば、コピーを取る作業は、一応は誰にでもできる。そこで、つまらない仕事であると考えるのである。だが、コピー一つ取るにしても、「立派な作品」を完成させることができる人もいれば、「つまらない作品」しかつくれない人もいる。

元の原稿の頁の順序が狂っていたり、上下左右が逆になっていたりする場合もある。まず、それらの点をチェックすることから始めなくてはならない。それに、欄外に書き込みがしてあるような場合は、その部分もコピーに十分出てくるような配慮をする必要もある。出来上がったコピーも紙の端をきちんと揃えて、きれいなかたちにして渡す。ホチキスで留める場合は、その書類を使用する目的に従って、留める位置や角度にも十分の配慮をする必要がある。

枚数の多い書類のコピーを取ってもらってみれば、その人の仕事に対する姿勢を、明確に見て取ることができる。たかがコピー取り、されどコピー取りなのである。それがきちんとできるかできないかで、仕事の分野で一流になれるかなれないかが決まってくる。

人がした仕事であれ自分がした仕事であれ、それをチェックするときのアプローチの仕方において重要な点がある。「よし、よし」といって肯定的に点検していったのでは、間違いを見逃すきらいがある。「どこかに間違いがあるはずだから絶対に見つけてやろう」とする意気込みを持って、否定的にチェックしていくのだ。

間違いが見つからなかったら、自分の役割が果たせなかったと考えて、がっかりするくらいの心理状態になることができれば、厳しくチェックした結果になっている。

一流　厳しく徹底的にチェックをする

実行力

三流
目標は大きいが行動は小さい

激しく揺れ動き、ものすごいスピードで絶え間なく変化している現代社会においては、のんびりと行き当たりばったりに仕事をしていくことはできない。現状を綿密に分析して将来の流れを予測したうえで、計画を立て、それに従って全力を尽くしていかなくては、生き残ることさえ難しくなっている。

そこで、猫も杓子も目標を設定するという作業をする。クラーク博士は「少年よ、大志を抱け」といって、学生を鼓舞した。少年の将来は、まったく未知数であるから、それだけに前途洋々であるともいえる。夢のように実現が難しいと思われる志を抱いてみる。懸命の努力を続けていけば、たとえその夢は実現できなくても、そこへできるだけ近づくことによって、人生は意義あるものとなる。

だが、ビジネスの場では、そのような考え方は通用しない。やみくもに高い目標を設定して、それを目指したのでは、仕事のスムーズな進行を図っていくことはできない。無理をすれば、組織のあちこちで支障を来したり事故が起こったりする。

目標達成のみを目指すあまり、なりふり構わぬ行動を取るという危険性もある。論理に反することや、法律スレスレとなる行為をしても構わない、と考える人たちも出てくる。そもそも、善良なる市民ないしは企業として法に従うということは、法の趣旨を守るということである。法律の不備につけこんだり裏をかいたりして、自分の利を図っても、法的には罪にならないかもしれない。

だが、それは法律の文言をずる賢く解釈し悪用したということに、ほかならない。世の人々の公平を図ろうとする「法」という規範に反している。したがって、個人であれ組織であれ、その「市民権」を剥奪されても仕方がない、と考えたうえでの行為であると解釈してよいはずだ。

仕事の場において設定する目標は、実現可能なものでなくてはならない。実現できる可能性が九〇パーセント以上でなくては、「絵に描いた餅」でしかない。いわゆる「努力目標」であるとして掲げた目標は、最初からそこへ限りなく近づいていけばよいといっていることであるから、近づく度合いが曖昧なので、正確さを求めるビジネス社会にはなじまない考え方だ。

目標が期限内に達成されなかったときは、経営者などの責任者は、その責めを負わなくてはならない。辞任をしたり、そのために損害を被った者がいるときは、弁償をしたりする必要がある。

政治の世界では、「公約」を掲げて当選したり役職に就いたりしたにもかかわらず、それを平気で反古《ほご》にする人たちが大勢いる。夢を描いて見せて、人々の期待を集める。夢を餌にして選挙民を釣ろうとするのは、言語道断である。単なる夢であって、その実現に関して確たる信念と自信がないにもかかわらず掲げたとしたら、まさに詐欺的行為というほかない。厳しく断じなくてはならない。

ビジネスの場でも、同じような人がいる。組織として苦境に置かれているとき、夢に近い目標を示して、それに向かって一丸となって努力することを求める。夢は、まず現実から目を逸らさせるための「煙幕」である。次に、夢を食べさせて皆に難行苦行を強いる。そこで、その目標が実現されなかったら、経営陣にある人たちは全員、責任を取り、私財を投げ出してでも皆に弁償をする義務がある。

個人のレベルにおいても、まったく同じことがいえる。大言壮語を吐くのは、自分を実力以上に見せようとしている。したがって、自分に実力も自信もないことを示している。

周囲にいる人たちは、すべてお見通しであるから、信ずることはない。その人物評価がさらに下がるだけだ。

だが、知らない人は、大言壮語だとは思わないので、その言葉に従って、それ相応の接し方や遇し方をする。また、それなりの期待も抱きながら、つきあっていく。ところが、何回か会ううちに化けの皮は剥がれてくる。すると、こんどは逆に、人々は本人の実力以下の評価をする結果になる。人格地に落ちるのである。

論語にある「巧言令色鮮《すくな》し仁」と同じように、大言壮語にも「仁」は少ない。実力の範囲内で謙虚に口を開く必要がある。自分に実現できるという自信があるときは、胸を張って「有言実行」である。だが、目指している目標があっても、達成できる可能性に自信が少ないときは、「不言実行」に徹するべきだ。

一流

「有言実行」と「不言実行」を使い分ける

モチベーション

三流 仕事を嫌々していて、機会あれば怠けようとする

仕事は何のためにしているのか。時どき立ち止まり、冷静になって考えてみる必要がある。食べていくため、社会人としての義務を果たすため、さらに多くの金を手に入れるため、有名になるため、人に能力を認めてもらうため、自分のプライドを守るため、自分の興味心を満足させるためなど、さまざまな目的ないしは理由が考えられる。

それらが複雑に絡み合って、自分を「叱咤激励《しったげきれい》」してはたらかせていることがわかるはずだ。時と場合によって、そのうちの一つが大きな推進力になっているかと思うと、ほかの要素が仕事への情熱をかき立てていることもある。

時どき仕事の原点に返って、現状分析をして、必要があれば軌道修正をしたり新たな考え方を加味したりしなくてはならない。毎日何ら考えることをしないで仕事と相対してい

たのでは、仕事に自分が縛られはたらかされているかたちになる。それは仕事が楽なものであるか厳しく辛いものであるかには関係ない。自主性がないので、いずれにしても「強制労働」をさせられている図になっている。

仕事に対しては、自分自身の意思に従って、積極的に取り組んでいくという姿勢が必要である。その意欲を失うと、仕事をコントロールして自分のものとすることはできない。嫌な仕事であったら避けたり逃げたりしようとする。その気持ちは、サボったり辞めたりするという「負け」の姿勢となって表れてくる。

この世では、どんなものにも利用価値がある。毒でさえも、使い方によっては、効果的な薬となる。自分にとってはマイナスのものであると思っても、どこかにプラスになる要素が潜んでいるはずだ。そこに目をつけて、そこを自分に有利な方向へと解釈し誘導していくのだ。そうすれば、はじめは毒であると思ったものも薬へと変えていくことができる。

仕事の場合は、普通の人には「しない」という選択肢はない。そうなると、つきあっていかざるをえない対象である。いつまでも嫌々ながらつきあっていたのでは、「仕事と仲よくする」ことはできない。

会社で一日に八時間過ごすとしたら、怠けていても一所懸命にはたらいても、同じ八時間が過ぎていく。怠けるとなると、周囲の人たちにわからないようにとか詰問されないようにとか、いろいろと余分な神経を使わなくてはならない。時間が早く過ぎていくことのみを願っている。それは束縛された時間以外の何物でもない。

それよりも、嫌だと思う仕事でも、正面からぶつかってみる。仕事とつきあう時間が長くなればなるほど、その仕事とは仲よくなる。慣れてくるのだ。そうなると、徐々に嫌悪感もなくなり抵抗感もなくなってくる。愛着さえも芽生えてくるはずだ。その仕事が好きになったのである。

「好きこそ物の上手なれ」という諺がある。好きなことは一所懸命にするので、ますます上手になる。また、上手にできるようになると、することが面白いので、さらに好きになる。このような「良循環」が起こるようになると、その道においてはエキスパートになっている証拠である。

確かに、仕事には義務的な要素が多く、そこだけを強く感じている人が多い。しかし、仕事は同時に権利でもある。憲法においても、「すべて国民は、勤労の権利を有し、義務を負う」と明確に規定している。権利として保障されていることは、それがよいことである証拠である。

就職できなかったり失職したりしたら、はたらくことの有り難みもよくわかるはずだ。せっかく権利を手にしていてそれを行使する機会が与えられている、すなわち目の前に仕事があるにもかかわらず、そこに身を入れようとしないのは、宝の持ち腐れであるというほかない。

仕事をするのは権利の行使であると考え、もっと毅然たる態度で仕事に対して接し、その権利を十分に享受するのである。ほかにもっとよい仕事があるのではないかなどと考えていたのでは、現在の仕事とのつきあいがおろそかになる。それは、自分の評判を落とし、仕事人としてのキャリアに傷をつける結果となる。

どんなに取るに足りない仕事であるように見えても、その仕事とのつきあい方の一つひとつが、紛れもなく、仕事の世界における自分の歴史の一頁ずつである。あだやおろそかにはできないはずだ。

一流 仕事に打ち込んで、そこに楽しみを見出す

第6章

一流の気くばり、三流どまりの気くばり

一貫性

三流　調子がいいのは最初だけ

航空機に乗っていくと、客室乗務員が満面に笑みをたたえて迎え入れてくれる。国際線でクラスが上の客室である場合は、座るとすぐにシャンペンなどの飲み物を出してくれる。まさに人を下にも置かないサービスをする姿勢である。

飛行中にも乗客のさまざまな要求に応えたり進んで気を使ったりして、客に奉仕する態度を貫く。特に食事を出すときは、一人で大勢の客に対する必要があるので、短時間のうちに三面六臂《さんめんろっぴ》の活躍をする。忙しく立ちはたらかなくてはならないのだが、客に対するときは笑顔を絶やすことはない。

だが、時どきそっぽを向いた場合には、笑顔がなくなっている。そのような場面を垣間見ると、やはり客に対する笑顔も、職業的なものであって、いわばマニュアルに従っているだけであるに違いない、と考えざるをえない。もちろん、客室乗務員の仕事は、肉体的にも精神的にもかなり厳しいものだ。疲れてくれば、気を抜きたくなるのも当然である。

ただ、客に尽くすのが楽しくて仕方がないというくらいの前向きな気持ちがあれば、もっと自然な笑顔を終始していることができるのではないだろうか。ただ明るくにこにことするのではなく、「にこやか」にするのである。すなわち、気持ちを落ち着けた、穏やかな様子の中で、心からにじみ出てくるような笑顔だ。

マニュアル的な笑顔も、渋面よりはよいに決まっている。だが、それは二流ないしは三流どまりの笑顔である。相手に尽くすという心構えに徹したとき、その心は自然に顔に反映されてくる。そのような笑顔が本物の笑顔である。

航空機から降りて、ロビーを歩いていたりするときに、世話になったばかりの客室乗務員に会うことがある。そこで笑顔を投げ掛けたりしても、まったく反応がない場合がほとんどだ。もちろん、こちらは先方の顔を覚えていても、先方は複数の客の顔などは覚えていないかもしれない。また、疲れ切っているので、人の顔を見る余裕はないのかもしれない。

しかしながら、それは少しつれない。「旅は道連れ世は情け」である。航空機の事故は自動車の交通事故よりも、その確率はずっと低いといわれているが、空という不安定な空間の中で、一時的ではあれ、運命をともにした「仲」である。その直後であるから、せめて「余情残心」の一端ぐらいは見せてほしい。

たとえ、自分が接した乗客ではなくても、空港のロビーを荷物を持って歩いていたら旅行客であるから、「自分たちの客」であることは間違いない。自分の職業を役立つものであると認めてもらうためにも、また自分たちの業界のマーケティング活動の一端としても、航空機の外でも人々と笑顔で接したほうがよいのではないだろうか。

それができなければ、機上の笑顔も単なる営業上のものであると決めつけざるをえない。客に金を支払ってもらったときだけ、客として遇するという態度は、人々の心を疎遠にする結果となる。客相手の仕事に徹しようとするのであれば、目の前にいる客だけではなく過去に客になったり、なった可能性のある人にも配慮をしなくてはならない。

さらに、将来客になる可能性のある人といえば、接する人々の全員である。結局は、自分が広告塔になったつもりで、矜持《きょうじ》を保ちながらソフトなアプローチを試みる必要がある。それは、直接に客を相手とする仕事の分野には限らない。自分がかかわっている仕事について金が入ってくる先を辿っていけば、多くの人々にぶつかる。

出会う人々のすべては、自分にとって、直接的または間接的な、現在ないしは過去や未来の「客」である。功利的に考えても、大所高所からの長期的な視点に立てば、出会う人たちの一人ひとりに対して、笑顔を見せて感謝する姿勢を示さなくてはならない。

仕事の面だけから考えても、以上のようにしたほうが得策であることがわかる。人生は打算だけが基準でない点を思えば、気くばりの必要性はさらに大きくなる。気くばりの輪を、空間的にどれだけ広く、時間的にどれだけ後先を遠く及ぼしていけるかによって、その人の人づきあいのよさが決まってくる。

人と接するときの最初だけがよかったり、別れる最後のときだけがよかったりしても駄目だ。終始一貫して変わらぬ姿勢を保っていくことが肝要である。

一流

最後の最後まで気を抜かない

適応力

三流　空気が読めなくて、流れを無視する

変な人だ、といわれている人がいる。その場に最初から皆と一緒にいるにもかかわらず、全体の流れから外れている感じを受ける。チグハグなことをいったり、突如として話をむし返したりする。そうかと思うと、皆がためらってしないでいることを、進んでしようとしたりもする。要するに、ほかの人たちの考えや感覚を推し量って考慮することなく、テンポが完全に遅れていたり速まっていたりするのだ。

人が一堂に会したときは、その目的に沿って、皆で協力し心を合わせていかなくてはならない。盛り上がりを図る必要があれば、活発に発言したりして、皆の気持ちを鼓舞するように努める。儀式的な要素の多い集まりであれば、つつがなく進行し終わるようにと、控えめな態度に終始する。

オーケストラの一員になったつもりで、ルールに従い全体の流れがスムーズに進行し、ハーモニーを生み出すように努力する。自分だけが目立とうとした言動をすると、会の目的は達成されない。常に、全体の流れを敏感に察知しながら、自分の分をわきまえて自分の役割を果たそうとする心構えが必要だ。

それは、さしたる目的もなく何となく、またはまったく偶然に、三、四人くらいで集まったときも同様である。その場の雰囲気、それに相手の人たちの感情や心理などを、とっさにではあれ、よく観察したうえで、それに従って自分の言動を律していく。それができないと、奇人とは決めつけられないまでも、「変な人」という評判を取る結果になる。

変な人は、場の空気が読めないとか、話の流れを無視するとかいわれるが、要するに、自分勝手な言動に徹しているからである。自分のエゴだけに従って自己中心的に振る舞っている。ほかの人にも自分と同じような欲があるが、それを抑えているのだということがわかっていない。

気くばりの出発点は、人の胸中を推し量ることにある。しかし、その前にしなくてはならないことがある。それは、相手のいうことに耳を傾け、さらには表情や身ぶり手ぶりなども真剣に観察することである。そうすれば、何を考えていて何をしたいと思っているかも、ある程度は把握できる。

人が口を開いているときは、自分の思考の作業はやめて、一〇〇パーセント理解しようと努める。いっていることの是非や方向性などについて、価値判断をしないで、まずはいわんとすることを理解する点に集中する。自分の考えを入れようとすると、その分だけ人の話を聞く作業がおろそかになるからだ。

その場にいる人たちの話に対して、耳を傾ければ傾けるほど、その場の空気と全体の流れが正確にわかる。その後で発言したり振る舞ったりすれば、場違いなことになるはずがない。

会合の場で、独りでしゃべりまくって、皆の笑いを誘っているので、得意になっている人がいる。確かに、話題も豊富で才気煥発の人である。もちろん、その人が主役である席ではいいが、そうでなかったら、密かに心よく思っていない人たちもいる。独演会は程々にしておかないと、そのうちに集まりに呼んでもらえなくなる。

人々の注目を惹いて人気者になっていると考えたら、それは勘違いだ。つきあいで仕方なく聞いている場合が多い。笑いを誘おうとしているのが明らかなので、調子を合わせて笑うふりをしているだけである。一本調子の独演会には、人々はすぐに飽きてくる。

いつもは黙っている人が、たまたま発言をして感想を述べたり、逆説的な真理を指摘したりするとき、その言には珠玉の重みと面白さがある。「沈黙は金、雄弁は銀」といわれる所以である。黙っているので、たまに口を開くと、人々が注目して理解しようとする。心の中で温めていたり抑えていたりした思いがほとばしり出たので、それだけの内容と勢いがある。人の心を打つような言になるはずだ。

ユーモアがあって気のきいたことをアドリブでいうことができる人は、単に生来機転のきく人ではない。皆の話に耳を澄ませて、その場の雰囲気を十二分に理解すべく努めている。したがって、状況判断において間違うことはない。そのうえで、五感さらには第六感もはたらかせている。的確な言葉が自然に出てくる用意が整っているのである。

臨機応変にすることができるのは、心の中に余裕があるので、すべての選択肢の長短も瞬時に比較判断する能力が備わっている人だ。

一流

アドリブで機転のきく対応をすることもできる

全身全霊

三流 自分の都合を優先させ、かたちだけ整える

気くばりのグレードアップは、どこまで真心を込めるかによって決まってくる。相手が楽になったり喜んだりするようにと、いろいろな方法を考えただけでは十分でない。それを実行するときに、誠心誠意をもって臨むことである。

かたちだけで親切にしたり厚意を示したりしたのでは、中途半端な結果にしかならない。まさに文字どおり「仏作って魂入れず」である。表面に表れたかたちは同じであっても、心を込めているかどうかは、相手も的確に嗅ぎ分ける。

人間は文明社会を築き上げて、いろいろと便利なものをつくり出してきた。だが、その過程において、多くの本能的に優れていた動物的感覚を鈍らせたり失ったりしている。「もの」に囲まれ目を奪われているので、「こころ」の部分がフルにはたらかなくなっている

のだ。とはいっても、心を落ち着けて感性を研ぎ澄ましてみれば、人の心もかなり正確に読み取ることはできる。それくらいの能力は残っているのだ。

人情の機微に通じている人は、文明社会のまやかしの部分をきちんと突き止めて、そこから時どき身を引いて考える術を知っている人である。そういう人は、人間社会全体の中における一つの分野であるにすぎない「ビジネス社会」では、必ずしも優秀であるとしてもてはやされることはない。だが、広く「人間社会」の中では、一流としてランク付けするべきだ。人間として生きていくうえに、大いに価値のある資質だからである。

「もの」ないしは「かたち」と「こころ」の問題について考えてみる。たとえば、旅行先から買ってくる土産の場合だ。旅に出ていて、あちこちと訪れているときでも、相手のことを思っていたという点を示そうとするものだ。こころは目に見えないので、証拠となる能力において欠けるところがある。だが、ものが目の前にあると、かなりの具体性が示される。「物的証拠」が重視される所以である。

だが、土産があれば心があるという証拠になるものでもない。その土地の名産であっても、相手には適切でなかったり喜ばれないのが明らかであったりするものがある。そうなると、一所懸命に探し回ることになる。そこで、ぴったりのものが見つからなくても、いろいろと考えた挙句、できるだけ理想に近いものを買う。

その努力は報われる。土産をもらった人には、自分について真剣に考えていてくれたことがわかる。その品物の端々に、自分の好みや必要性などが、何となく関連づけられている点が見て取れるからである。心は間違いなく通じるのだ。

同じ土産物を大量に買う人がいる。持ち帰れない量なので宅配便で送る人までもいる。これは、特に田舎の人たちに多く見られる傾向である。近所の人たちや近くの親戚の人たちに対する土産で、留守をしていて迷惑を掛けたかもしれないなどというが、要はつきあいである。

これを旧来の陋習《ろうしゅう》という人もいるが、ムラ的な結果が保安などさまざまな理由で必要である環境の中にあっては、かなり効果的な手段の一つになっているのではないだろうか。結局、人は群れて生きていくものであり、その中では「つきあい」の要素は無視できない。交際費は必要経費なのである。

仕事の場などで、目上の人に子供だましの土産を買ってくる人がいる。いくら面白いものであっても、安物は相手に対する敬意の欠如を意味する。かたちを整えたというだけであって、逆に失礼の極みである。慇懃無礼であると解釈されても仕方がない。

中元や歳暮などについても同様だ。相手に対する感謝の気持ちを表すためには、利用価値のある風習である。もちろん、賄賂的なものであったり、へつらいの気持ちがあったりすれば、悪習と断じざるをえない。いずれにしても、相手の地位や立場、それに自分に施された、物理的並びに精神的な恩恵にふさわしいものではなくてはならない。

もちろん、自分の立場や経済状況に従うのは当然で、無理をしてはいけない。面倒くさいがかたちだけ贈っておけばよいという考え方であったら、しないほうがよい。自衛のためなどという自分勝手な都合に従ってしたのでは、その「気くばり」ならぬ「形くばり」はすぐに見破られてしまう。ものに対して自分の気持ちを託すという心掛けを忘れてはならない。

一流

土産一つでも全神経を使って選択し心を込める

優しさ

三流　相手を傷つける言葉を平気で使う

人が失敗したり悪いことをしたりして自分の不利益になるような結果になったとき、その人をけなしたり、ののしったりしたいと思う。自分の不満感を外に出して、相手にぶつけるのである。だが、そうしたのでは、さらに事態は悪化する。

自分の一時的な感情をむき出しにすることによって、自制心のないことをあらわにしている。品格を落とす結果になるのは明らかだ。また、相手としても、自分がよくないことをしたのはわかっているが、そのように口汚くそしられたら、大いに感情を害する。恨みの気持ちさえ起こりかねない。

仕事の場であれば、人の上下関係によっては、きちんと黒白をつけるという意味で、多少の誹謗が許されることもある。でないと、事の重大性を認識しないで、再び同じ過ちを犯す危険性もあるからだ。その場合でも、ほかの人たちがいる前で面罵《めんば》をするという図は避けたほうが賢明である。

罵詈雑言《ばりぞうごん》を浴びせる行為などというものは、およそ品格という言葉と相反するものだ。たとえばの話であるが、天皇がそのような行為をしたとなると、どうなるか。「日本国の象徴であり日本国民統合の象徴」である人が、そのような品とは縁遠いことをすれば、日本国ならびに日本国民全体の品位は地に落ちてしまう。

いずれにしても、相手が悪いことをした場合であるかどうかを問わず、自分の一時的なネガティブな感情に任せて、相手を傷つける結果になるような言葉は発しないことだ。時には、言葉の暴力のほうが、打つ殴る蹴るなどの肉体的暴力よりも、相手の受ける損傷は大きい。

後者は、時の経過とともに痛みがなくなり傷跡も癒えてくると、徐々に忘れてくる。痛かったという事実は何となく覚えていても、痛みの強さなどについての実感を思い起こすことはできない。ところが、言葉の暴力の場合は、その言葉の端々まで鮮明に覚えている。時どき反復して思い出しているうちに、脳裏にそのまま正確に刻み込まれてしまう。

傷が生々しいかたちで、終生にわたって残るのである。あまりにもひどい言葉の場合は、そのショックの激しさのために、トラウマとなって、その人の人生に強いネガティブな影響力を及ぼす。そうなると、「加害者」に対しては、刑事罰でも科さないと世の公正が保てなくなるのではないか。

非常に親しい間柄にあっても、絶対にいってはならない禁句というものがある。激怒して本人を痛烈にけなすことがあっても、普通は謝ればすむ。だが、本人のプライドの根元にあることを最低だといってけなしたり、本人が最も大切にしている人を徹底的にこき下ろしたりしたのでは、修復不可能な溝をつくってしまう。禍根《かこん》を永遠に残す結果にもなるのである。

誹謗中傷はしない、冒瀆《ぼうとく》的なことはいわない、を心掛けていれば、人間として一流の域に近づいていくことができる。だが、腹が立ったり不満が積もり重なったりすれば、その捌け口も必要である。そのときに、焦点を目の前にいる「人」にではなく、自分の感情がいら立つ原因となった「事実」に当ててみる。

起こった事実が自分にとって不都合であったと考える。そもそも人間は誰でも自分の都合を優先し自分の欲を実現しようとするので、人と人との欲が対立することは避けられない。したがって、自分の欲の実現によって人が不都合を被る結果になることもある。今回は、たまたま自分が貧乏くじを引く羽目になったのである。大所高所に立って、お互いさまであると考えるのだ。

これは、「罪を悪《にく》んで人を悪まず」という考え方にも似ている。その根底には、人の善意を信ずるという姿勢がある。人の善意を信じようと信じまいと、この世の現実は変わらない。そうであれば、明るいほうを見ながら、ポジティブに生きていったほうが幸せではないか。

自分に都合の悪い「事実」が起こっても、自分の都合のよいほうに「考え」を向けていくのである。それは、自分も含めた人間に対して、どこまでも親切にしていこうとする姿勢である。人生を美しいものにしようとする、優しい心の表れでもある。その出発点であり誰にもわかりやすい具体性のあるものが、言葉である。まず、自分の発する言葉を、できるだけ優しいものにするように心掛けてみる。一流の人は、すべての面で優しい。

一流　人に対して言葉も振る舞いも優しくする

軽妙洒脱

三流　押しつけがましい

親切にしようとする気持ちに基づいた言動も、タイミングが悪かったら、相手にとっては迷惑なことでしかない。その言動を相手が快く積極的に受け入れようとする状態にあることが、必要条件である。相手をよく観察したうえでアクションを起こさなくてはならない。

たとえば、人に食事をご馳走しようとする場合を考えてみる。昨今は飽食の時代であるから、戦後の食糧難で苦しんだ時代とは異なり、食事に対する有り難みもそれほどではない。だが、やはり人間の本能的な欲求を満足させるものであるから、それなりに人に利益を与える行為ではある。

寸前に食べたばかりであれば、腹一杯で食べられない。自分の周囲で不幸な事件が起こり悲しみに暮れているときにも、進んで食べる気にはならない。また、ダイエットをしようと思っているときであったら、その気持ちを挫くようなもので、まさに有難迷惑でしかない。

何か食べたいと思っているときに、おいしい食事を提供されたら、このうえなく幸せな思いをする。相手の親切な気持ちが一〇〇パーセント伝わり、感謝の念で一杯になる。同じ食事を同じ人に供しても、そのタイミングによって、相手の受け止め方には雲泥の差が生じるのである。

人に対して、どのようなものを与え、どのようなことをする場合でも、相手が「ほしい」と思っているときにするのが、最も効果的である。そのタイミングを外したら、有り難みも半減したり、迷惑に感じられたりする結果になる。

また、同じ親切心から出た行為であっても、それを自分がする立場に置かれているかどうかも考えてからにしなくてはならない。それをする関係にある人がほかにいる場合に、その人を差し置いて自分がするのは、差し出がましい振る舞いでしかない。

若い恋人同士らしいカップルが歩いていて、女性のほうが何かにつまずいて軽く転んだようなとき、飛んで行って助け起こそうとするのは、出しゃばりである。デートの相手の男性に任せるのがマナーである。自分が人に何かをしてあげようとするときは、まずは、その点について自分よりも優先順位の高い人がいるかどうかを考えてからにする。

もちろん、緊急事態においては、人を差し置いてとか差し出がましいとかいっているひまはない。大いに「出しゃばる」機敏性が求められ、それに対して不快感を表明する者は一人もいないはずだ。

さらに、相手が必要としている手助けであっても、してはいけないことがある。たとえば、幼児が歩く練習をしているときだ。転んだからといって、すぐに助け起こしたのでは、練習に対する妨害になる。見守りながら、時どき励ますくらいがよい。応援に徹するのである。

それと同様な場合は、仕事の場でも頻繁に生じる。人が忙しい思いをしているのを見て、むやみやたらに手伝おうとするのもよくない。その人の仕事の領域を勝手に侵害しようとするからだ。職分はその人のしなくてはならない義務であるが、同時に全うすることのできる権利でもある。できるだけ控え目な姿勢で手助けの申し出をして、相手の反応を見るに留めるべきだ。さもないと、人の仕事を取り上げようとするとして、非難される危険性さえある。

それに、下手な手伝い方をすると、相手のプライドを傷つける。皮肉な見方をすれば、その仕事を成し遂げる能力がないというにも等しいことになる。相手の人格を十分に尊重して事に当たるという原則を、片時も忘れてはならない。

親切とお節介は紙一重である。親切も、出しゃばりや先回りの要素が強くなると、歓迎されないというよりは迷惑であると感じられる。相手に親切の気持ちと行為を受け入れる用意があり、その気になる精神状態にあるかどうかを見極めてからにする。

親切な行為でも、一方的にしたのでは、「押し売り」と何ら異なるところはない。人に嫌がられるだけだ。相手が抵抗なく受け入れることができるように、ソフトランディングを心掛ける。気配をうかがいながら、徐々に相手を包み込んでいってからする、という風情がよい。意図が表に出なくて、さり気なくできれば最高だ。相手にわからないようにできたら、その気くばりは超一流といってよい。

一流

さり気なく軽やかに気をくばる

思いやり

三流
「だからいったのに」などといって追い討ちをかける

自分の知識や経験に基づいて考えると、人のしていることが危っかしくて見ていられない、と思うことがある。そこで、相手が目下の場合などは、つい「こうしたほうがよいのではないか」などと、忠告めいた口をきいたりする。

だが、相手は面倒くさそうにして、本気で耳を傾けようとはしない。本人としては、事情がまったく異なっていたり、どうしても自分の思うとおりにしたいという意地があったりするからだ。ところが、やはり経験則は正しい。忠告に反したために、相手は失敗する羽目になる。

すると、自分のいうとおりにすればよかったのに、という残念な思いに、自分の忠告を聞こうとしなかったことに対する憤りの思いが重なってくる。そのネガティブな感情を、つい相手にぶちまけたくなる。そこで、「だからいったのに」などという言を吐くことになる。それは、人のことはまったく考えない人のすることだ。

当人は失敗したので意気消沈している。したがって、その点を強調したとしても、追い討ちをかける結果になるだけである。それでは、せっかくのよい忠告も輝きを失い、単なる、うるさい干渉の言となってしまう。

忠告をしたときは、口やかましいと思っていても、自分のことを思っていってくれているのだと考えていた。だが、それを守らなかったために失敗したからといって、突如として「ほら見ろ」といわんばかりの態度へと豹変するのは、いかにもつれない。味方が瞬間的に敵方に回ったようなものだ。

それに、自分が窮地に立っているのがわかっているにもかかわらず、そこから救い出す手立てを講じようともしない。さらに、忠告に従わなかったために失敗したことを論拠にして、自分の忠告の正当性が立証されたといっているのである。偉そうに振る舞っているとして、反感を買うのは必至だ。

人それぞれに、いろいろな人生がある。成功することは素より、失敗することも大切な人生の一部である。試行錯誤を重ねること自体が、紛れもなく人生そのものである。したがって、成功の部分がプラスの人生であって失敗の部分はマイナスの人生であるということにはならない。どちらもポジティブに受け止めて、味わうくらいの余裕が必要である。

そのような考え方をすれば、人の失敗や不運に際しても、親身になった対応ができる。視点を限りない広がりのある宇宙に置いてみると、人間の喜びや悲しみ、それに怒りなどの激しい感情も「小さなもの」である。諦め切れない気持ちも、宇宙的規模の諦めで包んでしまえば、吹っ切れる結果になるはずだ。要は、主観から離れ、人間的レベルにおける客観からも離れて、超然たる姿勢を取るべく努めることである。

そのような「見識」のうえに立って、人の心の中へと入っていき、その感情を読み取るのである。当然のことながら、同じ人間として「共感」できる部分が見つかる。そこへ神経を集中していくのである。そこから自分の取るべき姿勢が決まってくる。

一緒になって嘆いたり悲しんだりするのがよい場合もある。慰めることに専念して、気が晴れるようにしたほうがよいときもある。自分が応援するから元気を出すようにといって、励ましたほうがよいかもしれない。大上段に振りかぶって叱咤激励をする必要があるかもしれない。または、まったく手を出さないで静観する姿勢を通したほうが、結果的にいいとする判断に落ち着くかもしれない。

人の失敗一つに対しても、対応の仕方に関する選択肢は沢山ある。自分の一時的な感情に任せて振る舞ったのでは、その人の将来に対する姿勢にまでも悪影響を及ぼす危険性がある。さらに、その人と自分との人間関係にも、何らかの変化が起こるかもしれない。

西洋の諺に「繁栄は友をつくり逆境は友を試す」というのがある。成功したり調子がよかったりするときは、それほどに気を使わなくてもよい。本人も機嫌がよいので、小さなことにはこだわらず寛大になっている。しかし、失敗したり苦しんでいたりするときは、神経も過敏になっている。ちょっとした言葉の端々にも傷ついたり不快感を覚えたりする。

人が逆境に置かれているときは、たとえそれが取るに足りないほどの逆境であっても、自分のエゴを抑え相手のことだけ考えるのだ。

一流

相手との共感を目指して感情移入をする

人望

三流 弱みを見せない、人を寄せつけない

仕事の場であれそのほかの分野においてであれ、リーダーとなる人は「できる人」でなくてはならない。皆が従ってくるためには、目指す方向を示したうえで、自分自身が率先して進んでいくところを見せなくてはならない。手本を示す必要があるのだ。

だが、がむしゃらに猪突猛進して見せても、必ずしも皆が従ってくるとは限らない。全員が一丸となって前進していくためには、リーダーに人間性の魅力が備わっていることも、必要な条件である。

人間性とは人間らしさであり、ほかの人も自分と同じ人間であるという認識の上に立って、一緒に仲間として生きていこうとするメンタリティがあることだ。それが認められれば、裏切られることがないので、全面的に信頼することができる。人間として一流の資質

があることであるから、安心して尊敬の念を抱くことができる。さらに、皆のためにベストを尽くしてくれることも予想できるので、大いに期待することもできる。

それらの要素が絡み合って、そこから人望が生まれてくる。たとえ、個人的には仕事のできるリーダーであっても、人望がなかったら、人々は心から従っていこうとはしない。金銭的な利益に惹かれたり、強い強制力に脅されたりして、かたちのうえで追従していくだけだ。したがって、それは一時的なものであって、ちょっと環境や条件が変わると、くもの子を散らすように逃げていってしまう。

人間らしさとは何であろうか。人間としての特質であるから、まずは知力であり、広くかつ深く考えていく能力があることだ。だが、同時に、人間は神ではないので、完全ではないという点も知っていなくてはならない。すなわち、知的動物であるといって胸を張っても、常に間違いを犯す、弱い存在でもある。

その弱さという点に焦点を当てて、それを発展させていくと、人々の共通意識が高まってくる。弱さや欠点、それに失敗などを隠さなくてよくなると、常に気を張っている必要がなくなり、気分が楽になる。

長所については、それぞれが生かしていって、お互いに補完し協力すればよい、とはいっても、そこにはどうしても競争の要素が芽生えてくる。少なくとも、自己主張をし、時には自慢し合ったりする結果になる。「強」は「競争」を導き出すのである。それに反して短所の場合は、皆に短所があることがわかれば、お互いに許し合ったり、その「傷」をなめ合ったりする。「弱」は「共生」を導き出すのである。

失敗をするのを見たことのない人が、何かの拍子にとんでもない間違いをする。そのときに、頭をかきながら「間違っちゃった」などというのを聞けば、その途端に、その人を身近に感じる。近寄り難かった距離が一気に縮まったのだ。自分と同じように弱い人間であることがわかり、人間らしさを垣間見たからである。

自分の弱みを見せようとしない人は、いくら才気煥発で仕事ができても、人間として一流とはいえない。人望にも今一つ欠けるところがある。弱みを隠しているという点で、正直でないからだ。うそをついているにも等しいので、信頼できない。

自分の周りに城壁を張り巡らせて、心の中を見せないようにしている。人も何とかして中を見ようとするが、スキがないのでできない。まったく取りつく島もないので、心と心の交流ができない。外側で杓子定規なつきあいをするだけなので、人間的なふれあいができないので気の休まるときがない。

人望のある人は、たとえ厳しいビジネス環境の中にあっても、一緒にいて抵抗を感じない人である。お互いに心と心が自由に往き来できる状態になっているので、安心して思うところに従って率直にコミュニケーションをすることができる。

人望を集めるための出発点は、自分の弱みを公開することだ。そうすれば、人が近寄ってきてくれる。相手も弱みを見せてくれるので、そこで仲間意識も大いに高まる。信頼の輪が広がっていく。それは自分の味方が増えていくことでもある。

弱みを公開する点には、さらなる、よいことがある。弱みを隠すための気遣いや努力をしなくてよいので、その分だけエネルギーと努力を、自分の使命に対して傾注していくことができる。すべての面において、前向きに考え、進んでいく結果になる。弱みを見せてこそ成長への飛躍が可能になるのだ。

一流

心の中を公開して人を味方につけていく

品性

三流 独り善がりで自分優先

電車が止まってドアが開き降りようとすると、人の横をすり抜けるようにして乗ってくる人がいる。その数も昔に比べると多くなったようだ。乗り降りに関しては、降りる人が先で、全員が降り終わってから乗ってくる、というのがルールである。それが守られなかったら、混乱が起こる。

そのルールを無視する人は、いち早く乗って空いている席に座ろうとしている。または、立っているにしても、楽な場所を確保しようと考えているのだ。とにかく、自分が有利になることだけを目指して、人が迷惑するかどうかは、まったく意に介しない。

戦後になって、日本は欧米の影響を受け、個人主義の流れが勢いを得てきた。個人の価値を強調して、個人の自由と独立を尊重する考え方は、社会の発展のためにも必要であり、大いに効果がある。だが、そこでいう個人を自分だけに限定して、間違った解釈をしている人が多すぎる。自分が「個人」であると同時に、ほかの人全員もそれぞれに「個人」である。

すなわち、自分の自由と独立を尊重すると同時に、ほかの人全員の自由と独立も尊重しなくてはならない。その点を忘れると、口では個人主義を唱えていても、実際には単なる「利己主義」を実践している結果になる。人を押しのけてまで自分が先に行こうとするのは「ほかの人」の自由を全面的に無視しているので、エゴの塊が突き進んでいる図としかいえない。

社会のあらゆる分野において、その時と場合に応じて、自分という個人は、人々の中における公平な持ち分を享受できるだけだ。そのような理解と認識を片時も忘れることなく、自分の言動を律していく必要がある。平たくいえば、自分の欲を満足させようとするときは、そこで関連してくる、ほかの人の欲についても考えたうえで、その間で「折り合い」をつけることだ。

双方の欲が対立するときに、人の欲と自分の欲とどちらを優先させるかによって、その人の品格が決まってくる。我勝ちにしか考えられない人は、人に譲るということを知らない。品性の下劣な人である。もちろん、人間社会においては、三流だとか三級だとかの「ランク」に分類することもできない人だ。ランク外というレッテルを貼られても仕方がないであろう。

特定の人を「除け者」にするような考え方は、どんな個人にも価値を認めなくてはいけないとする大原則に反するかもしれない。しかし、「人でなし」であるとなれば、そのような扱い方をしても許されるのではないか。さもないと、常に人の欲との折り合いをつけ、人に譲って生きている、善良な人たちの立つ瀬がない。大いなる不公平がまかり通ることになって、世の中が乱れてくる。

譲り合いの精神の重要性が説かれ、そのためには「相手の立場に立って考える」ように、と口が酸っぱくなるほどいわれている。しかし、「自分」が邪魔するので「相手」の身になって考えるのが難しいのである。また、「自分の欲」が邪魔して、無意識のうちにではあるが、相手の身になって「考える」ことをさせないようにしている部分もある。

そうなると、相手の立場に立つことを諦めてみる。その代わりに、自分の周囲にいる人で、自分が最も大切にしている人を選び、その人が相手であったら、どのように振る舞うかと考えていくのだ。最愛の子を押しのけて自分が先に行こうとも思わないし、恋情が燃え盛っている恋人に対しては常に譲る姿勢に徹するはずである。

我を通せば人に嫌われる。人に嫌われれば、それだけ世間が狭くなる。そうなると、この世が少しずつではあれ住みにくくなる。「情けは人の為ならず」である。人によくすれば、その流れはいつか巡り巡って自分のところにも返ってくる。まず、騙されたと思って、人に譲ってみることだ。

すると、その「謙譲の美徳」に、たとえ少しではあれ、心を動かされた反応を示す人は必ずいる。また、少なくとも、そこで平穏無事で平和な結果が招来されることは間違いない。自分の心が豊かになり、心に余裕が生じてくる。その余裕は、次なる「譲り」の機会を求め実践しようとする、素地ないしは原動力となるのである。この良循環が自分のみならず、ほかの人たちにも起こるのが理想だ。

美しく健全な品性は、心に余裕があるところに宿ってくる。

一流 人の欲との折り合いを考えて、人に譲る

一流の品格、三流どまりの品格

2007年4月10日　初版第1刷発行
2007年5月　1日　　第3刷発行

著　者　　　山﨑 武也
装丁　　　中井 辰也
カバーイラスト　古瀬 稔
発行者　　　斎藤 広達
発行・発売　　ゴマブックス株式会社
〒107-0052　東京都港区赤坂1-9-3日本自転車会館3号館
電話　03（5114）5050
印刷・製本　　中央精版印刷株式会社

ISBN978-4-7771-0589-2